빛나고 싶은 젊은이들에게

빛나고 싶은
젊은이들에게

참다운
인간관계의 비결

필립 체스터 필드 · 사뮤엘 스마일즈
박정숙 편역

TO YOUNG
PEOPLE
WHO WANT
TO SHINE

당신의 빛나는 성공을 이끌어줄 커다란 지혜의 지침서

폭넓은 지식과 경험을 바탕으로한 진정한 삶의 방법을 통찰
희망과 신념 속에 새겨지는 당당한 인생의 설계서다

브라운힐
BrownHillPub

빛나고 싶은
젊은이들에게

1판 1쇄 인쇄 | 2024년 10월 25일
1판 1쇄 발행 | 2024년 10월 30일

지은이 | 필립 체스터 필드, 샤무엘 스마일즈
엮은이 | 박정숙
펴낸곳 | 브라운힐

서울시 마포구 토정로 214 (신수동 388-2)
대표전화 (02)713-6523, **팩스** (02)3272-9702
등록 제 10-2428호

© 2024 by Brown Hill Publishing Co. 2024, Printed in Korea
ISBN 979-11-5825-171-0 03190
값 16,000원

자녀를 위한 기도

맥아더

저의 자녀가 이러한 사람이 되도록 하소서

약할 때 자기를 잘 분별할 수 있는 힘과
두려울 때 자신을 잃지 않을 용기를 가지고
정직한 패배에 부끄러워하지 않고 태연하며
승리에 겸손하고 온유할 수 있는 사람이 되도록 하소서

그를 요행과 안락의 길로 인도하지 마시고
곤란과 고통의 길에서 항거할 줄 알게 하시고
폭풍우 속에서도 일어설 줄 알며
패한 자를 불쌍히 여길 줄 알도록 해주소서

그의 마음을 깨끗이 하고, 목표는 높게 하시고
남을 다스리기 전에 자신을 다스리게 하시며
미래를 지향하는 동시에 과거를 잊지 않게 하소서

그 위에 유머를 알게 하시어
인생을 엄숙히 살아가면서도 삶을 즐길 줄 아는 마음과
자기 자신을 너무 드러내지 않는 겸손한 마음을 갖게 하소서

그리고 참으로 위대한 것은 소박함에 있다는 것과
참된 힘은 너그러움에 있다는 것을 항상 명심하게 하소서

그리하여 그의 아버지인 저는 헛된 인생을
살지 않았노라고 나직이 속삭이게 하소서

사람은 누구나 큰 성공을 원한다. 하지만 원한다고 해서 누구나 성공의 열매를 갖는 것은 아니다. 우리가 살고 있는 현대 사회는 하루가 다르게 정보기술이 발달하고 경쟁이 더욱 치열해지고 있는, 마치 전쟁터와 같은 상황이다. 이런 사회에서 수많은 경쟁자를 물리치고 성공의 열매를 얻는 것이 쉽지만은 않다.

인간은 누구나 뛰어난 잠재 능력을 가지고 있다는 사실을 우리는 알고 있다. 하지만 그런 능력을 제대로 활용하는 사람은 그렇게 많지 않다. 심지어 자신의 능력이 어느 정도인지조차 알지 못하는 사람들도 많다. 그렇기 때문에 자신의 경쟁 상대가 저만치 앞서가도 뒤쫓아 가기에만 급급한 것이다.

그렇다면 원하는 성공을 얻기 위해서는 어떻게 해야 할까.

우선, '하고자 하는 마음가짐'이 중요하다. 당신이 할 수 있다고 생각만 하면 무엇이든 할 수 있는 것이다. '나는 할 수 없어', '이건 어려울 거야' 하는 마음은 갖지 말라. 행동으로 나서기도 전에 그런 마음가짐을 갖는 것은 당신의 삶을 포기하는 것과 같다.

늦었다고 생각한 그 순간부터 다시 시작해도 결코 늦지 않은 것이다. 당신은 할 수 있다. 당신이 노력하는 만큼 변화된 자신의 모습을 볼 수 있을 것이다. 그리고 자신의 능력을 최대한 향상시킴으로써 다른 경쟁자들보다 한 걸음 앞서나가는 자신을 볼 수 있을 것이다.

그렇다. 성공하고 싶다면 이 책의 내용을 깊숙이 음미하여 당신의 가슴속에 새겨야 한다. 이 책은 분명히 당신의 삶을 바꿔줄 것이다. 그리고 이 책의 가치는 실천하는 데 있다. 당신의 빛나는 성공을 위해서는 어떻게 목표를 세워야 하고, 그것을 이루기 위해 당신이 해야 할 일은 무엇인가, 어떻게 살아야 하는가 등에 대한 진리가 담겨 있다.

인생의 온갖 지혜로 가득 찬 이 책은 하루하루 급변하는 정보화 시대를 살아가는 젊은이들에게 인생의 커다란 지침서가 되어 주리라 믿는다. 어떠한 고난이 닥쳐온다 해도 자신을 잃지 말고, 희망과 신념을 가슴 깊이 새겨 당당한 인생을 설계하기 바란다.

엮은이 씀

Contents

제 1장 성공을 위한 기초 설계 13

01. 진정한 성공은 무엇인가 15

02. 노력 없는 성공은 없다 18

03. 집중력을 키워라 22

04. 작은 일에도 소홀하지 않은 사람이 성공한다 24

05. 상대방도 당신과 똑같은 '프라이드'를 갖고 있다 26

06. '자신의 가치관'만으로 세상을 판단하지 말라 28

07. 상대방을 감복시키는 위엄 있는 태도 31

제 2장 미래의 주인공인 2030이여! 35

01. 오늘 이 순간이 네 인생을 결정한다 37

02. '노력 또 노력'만이 성공을 보장한다 41

03. 할 수 있다고 믿는 자에게 길이 있다 44

제 3장 최고의 인생을 위하여 49

01. 오늘 1시간은 내일의 1년과 같다 51

02. 놀 때도 최선을 다하라 55

03. 기쁜 마음으로 일 할 때 성공이 가깝다 59

04. 한 가지 일에 '전심전력' 을 다하라 62

05. 나태는 죄악이다 65

06. 한 푼으로 '인생의 지혜' 를 얻는 법 69

제 4장 끊임없이 배우려는 노력이 중요하다 73

01. '역사' 를 알면 미래가 보인다 75

02. 인생 성공의 결정적 수단은 '독서 습관' 82

03. 직접 체득한 지식이 참된 '지식' 이다 85

04. 유연한 적응력은 훌륭한 자산이다 88

05. 실무능력은 성공의 밑거름이다 92

06. 불굴의 투혼은 자존심에서 나온다 95

Contents

제 5장 먼저 자기 자신을 알아야 한다 99

01. '타인의 생각'으로 판단하지 말라 101

02. 인간의 가장 큰 장점은 생각할 수 있다는 것이다 103

03. 올바른 판단력과 겸허함을 길러라 106

04. 때로는 '농담'도 필요하다 109

05. 취미나 기호는 적당히 하라 113

06. 상대방에게 호감을 얻고 싶으면 '칭찬'하라 116

07. 자신을 표현하는 '화술'을 연마하라 119

08. 긍정적인 사고방식을 가져라 122

09. 서두르지 않는 여유를 가져라 125

제 6장 진정한 친구는 인생의 가장 큰 자산이다 127

01. 친구는 자신의 인격을 비추는 거울이다 129

02. 친구에 따라 자신의 인격이 결정된다 132

03. 어떤 친구가 자신에게 이로운가 135

04. 교제에 임하는 마음가짐 139

05. 사람을 '있는 그대로' 평가하라 142

06. '허영심'을 '향상심'으로 승화시켜라 146

07. 솔직하게 '감사할 줄 아는' 사람이 되라 149

제 7장   참다운 '인간관계'의 비결 153

01. 상대에게 신뢰감을 얻는 방법 155

02. 신중한 태도는 신뢰를 가져 온다 162

03. 자연스럽게 '배려'할 수 있는 사람이 되라 166

04. 친구는 많이 만들고, 적은 만들지 마라 170

05. 느긋하고 편안한 인간 관계를 만들어라 173

06. 자신을 연마하는 것이 중요하다 176

07. 단체 활동에서 성공하는 첫번째 비결 180

08. 단체 활동에서 성공하는 두번째 비결 183

제 8장 나만의 '품격'을 길러라 187

01. 자신의 가치를 더욱 돋보이게 하는 재능을 길러라 189

02. 성공한 사람의 '장점'을 흉내내라 192

03. 사람의 마음을 사로잡는 방법 196

04. 책에서 배울 수 없는 산 교육이 중요하다 200

05. 자신을 지키는 자제심을 길러라 203

06. 성공하려면 예의범절을 배워라 205

제 9장 훌륭한 삶을 위한 또 하나의 교훈 211

01. 언행은 부드럽게, 의지는 굳건하게 213

02. 강인하지 않으면 세상을 살아갈 수 없다 219

03. '허용되는 거짓말'을 적절히 사용하라 223

04. '친분 관계'도 능력 중 하나다 226

05. 어떻게 해야 라이벌을 이길 수 있는가 228

06. 사회생활에 관한 또 하나의 충고 233

제 1장

사뮤엘 스마일즈의
성공을 위한 기초 설계

다른 사람과 비슷한 정도의 야망에
만족하면 성공은 없다.
한 단계 높은 야망을 품어라.
그 다음은 성공하고자 하는 의지력과
끊임없는 노력이 결과를 말해줄 것이다.

사람에게는 세 가지 유혹이 있다.
순결하지 않은 육체의 향락과, 잘났다고 뽐내는 교만과
대단히 불온한 욕심이 그것이다.
모든 불행은, 이 같은 유혹을 물리치지 못하면
과거에서 미래까지 영원히 계속된다.

레나우

01. 진정한 성공은 무엇인가

성공을 꿈꾸는 2030에게

아마도 '성공하고 싶다'는 욕망만큼 우리 삶에 큰 영향을 미치는 것은 없을 것이다. 우리가 의식하고 있든, 아니든 간에 '더 크게 성공하고 싶다'는 바람이 우리 행동을 지배하고 있다.

그렇다면 '성공'이란 무엇인가. 돈을 많이 버는 것인가. 아니면 높은 지위나 권력을 차지하는 것인가. 그도 아니면 또 다른 무엇이 있는 것인가.

이렇게 '성공'하기 위해 피나는 노력을 하는 사람들에게 쉽게 찾아볼 수 있는 아이러니는 성공을 거두려고 노력하면 할수록 그 성공이 도대체 무엇을 의미하는지 잊어버리기 쉽다는 것이다. 즉, 명확하게 드러나지 않는 성공의 그림자를 좇아 헤매는 사람들이 많다는 것이다.

이렇게 '성공하고 싶다'는 욕망으로 가득 차 있으면서도 오히려 실제 생활에서는 아무런 계획도 없이 행동하거나, 막연한 느낌만을 가지고 외부에서 주어지는 자극에만 반응하는 수동적인 사람들 또한 적지 않다.

그들은 현재 주어진 일을 처리하는 데만 전력을 다한다. 규정된 업무를 수행하고, 매출 목표를 달성하며, 직원들을 이끌거나 기업 전체를 유지하기에 급급하다. 달리 말하자면 대부분의 사람들은 현재 직면해 있는 일을 무난히 극복하기 위해서만 온 힘을 기울이고 있다는 것이다. 그리하여 현안에 대한 해결 방안만을 모색하고 동시에 단기적으로 주어지는 기회를 어떻게든 이용해 보려고 애를 쓴다.

그러면서 거의 모두가 자신이 오래 전부터 도달하고자 했던 목표보다 언제나 한 걸음 처져 있다는 불안감 속에서 자신이 기울인 노력의 결과가 어떤 식으로든 자신의 발전에 도움이 되기만을 바라는 것이다.

그에 반해 비록 드물기는 하지만 여유를 가지고 자신의 목표가 무엇이며, 자신이 중장기적으로 도달하고자 하는 것이 무엇이고, 어떤 전략을 이용하여 자신의 계획을 최선으로 실현시킬 수 있을 것인지를 생각하고 행동에 옮기는 사람들도 있다. 그들은 '성공'이 실제로 무엇을 의미하며, 그것이 어떤 요소로 이루어져 있는 것인지를 충분히 생각한 사람들이다.

'성공'이라는 것은 일반적으로 '자기 노력에 대한 긍정적 결과'로 정의될 수 있다. 그러나 이런 식의 설명으로는 우리들에게 '진정한 성공이란 이런 것이다'라고 명확하게 알려주지 못한다. '성공'이란 개념은 근본적으로 사전적인 설명으로 정의를 내릴 수 없는 용어이기 때문이다. 이것은 마치 '인간은 무엇이다'라고 한 마디로 정의를 내릴 수 없는 것과 같다.

그렇다면 '성공'이란 개념을 어떻게 풀이할 것인가를 고민해야 한다. 과연 당신은 '성공'이란 단어의 의미에 대하여 어떻게 생각하고 있는가.

'성공' 이란 자기 자신이 세운 인생의 목표를 달성하는 것이다. 이는 전적으로 자기 자신의 삶을 결정하는 인생관에 좌우되는 것이며, 자신이 어떤 인생을 살 것인가를 먼저 결정해야 하는 것이다. 물론 경제적인 성취나 사회적인 지위, 그리고 자기 자신의 능력을 마음껏 발휘하는 것도 성공의 일부가 될 것이다. 궁극적으로 이 모든 것을 더해보면 자신의 인생 목표가 될 것이다. 그러나 이러한 것을 모두 이룬다해도 자신에게 뚜렷한 인생관이 없다면 결코 성공한 사람이라고 말할 수 없을 것이다.

그리고 여기서 더욱 중요한 것은 그러한 성공의 '과정' 이다. 복권에 당첨되어 하루 아침에 많은 돈이 생겼다고 성공이라 할 수 있을까. 아니면, 인간관계에 의해 높은 지위에 올라선 것을 성공했다고 할 수 있을까. 사업에 성공하여 많은 돈을 벌고, 높은 지위와 사회적 명예를 얻었다고 그 사람이 인생에서 성공했다고 자부할 수 있을까.

성공하는 것도 중요하지만, 그러한 성공을 위하여 얼마나 노력했고, 진실로 피와 땀을 흘려 얻은 것인지에 대해 더욱 관심을 가져야 한다. 쉽게 얻은 것일수록 쉽게 잃어버리는 법이다. 자신의 힘으로 얻은 것은 아끼고 소중히 간직하겠지만, 다른 사람의 힘이나 행운으로 얻은 것은 그만큼 소중히 다루지 못할 것이다. 거기에는 자신의 땀과 피가 배어있지 않기 때문이다.

그러므로 일차적으로 가장 중요한 것은 자신의 '올바른 인생관' 이다. 인생관을 바로 세우고 난 다음 자신의 인생 목표를 정하는 것이다. 그리고 자신의 인생 목표를 이루기 위해 열심히 노력하고 또 노력한다면, 언젠가는 자신이 이루고자 하는 성공에 다다르게 될 것이라 믿는다.

02. 노력 없는 성공은 없다
어리석은 2030에게

어느 부모든 자녀에 대한 애정은 그 어느 것에 비교할 수 없을 만큼 대단할 것이다. 그러나 어떤 부모들은 자녀에 대한 지나친 애정으로 자녀의 결점까지도 눈감아 주는 경우가 있다. 그런 애정은 자녀의 장래를 위해 결코 도움이 되지 않는다. 오히려 자녀의 미래를 더욱 어둡게 할 뿐이다.

올바른 부모라면 자녀의 결점이 눈에 보이면 그것을 재빨리 찾아내어, 고치도록 충고하고 이끌어 주는 것이 부모로서의 의무이며 책임일 것이다. 그리고 그 결점을 고치려고 노력하는 것이 자식으로서 도리이며 책임이라고 생각한다.

요즘 대부분의 젊은이들은 자신의 삶에 대하여 조금은 나태하고 주의가 산만하며, 무관심한 듯한 모습을 보인다. 아주 오래 전부터 어른들은 한결같이 '요즘 젊은이들은 우리 때와는 다르다' 고 한다지만 세상 연륜이 많은 사람들이 보기에는 늘 그러할 것이다.

'젊은이'라는 단어가 주는 느낌은, 빼어난 열정과 한 발 앞서려는 노력, 재빠르게 행동하며 무엇을 하든지 끈기가 있다는 것이다. 시저[1]도 말했듯이 뛰어난 행동이 아니면 행동이라고 말할 수 없다. 젊은이는 항상 용솟음치는 활기가 있어야 하며, 주위 사람들을 즐겁게 하기 위해 노력해야 하고, 남보다 뛰어나기 위해 앞서가려는 용기도 낼 수 있어야 한다.

다시 말하지만, 존경받는 사람이 되고자 한다면 그렇게 되기 위한 목표를 설정하고, 그것을 달성하기 위해 끊임없이 노력해야 하는 것이다. 그렇지 않으면 결코 존경받는 사람이 될 수 없다. 이것은 사실이다. 마치 다른 사람을 즐겁게 해주려는 마음이 없다면 어떤 방법으로도 그 사람들을 즐겁게 해줄 수 없는 것과 마찬가지다.

사람은 누구나 자기가 이루고자 하는 목표를 해낼 수 있다. 보통의 능력을 가진 사람이라도 자신에게 숨겨진 또 다른 능력을 개발하고 한 가지 목표에 집중력을 쏟아 부으며, 노력을 게을리 하지 않는다면 언젠가는 자신이 원하는 목표를 이룰 수 있으리라 믿는다.

젊은이들은 장차 시시각각 다르게 변화하는 사회의 주인공이 될 것이다. 또한 현대는 세계 각 나라가 지구라는 한 울타리 안에서 서로 경쟁하고 조화를 이루며 살아가고 있다. 이런 사회에서 살아남기 위해서는 지금 무엇을 어떻게 준비해야 하는가.

이제는 우물 안에서만 살아갈 수 있는 상황이 아니다. 지금부터 세계 각 나라의 정치현황, 각 나라간의 이해 관계, 세계 경제, 역사, 관습 등

---

1) Caesar, Gaius Julius(BC100 ~ BC44) : 고대 로마의 장군, 정치가.
  "왔노라, 보았노라, 이겼노라."라는 유명한 말을 남김.

에 대한 지식을 쌓아야 한다. 이것은 그렇게 어려운 일은 아니다. 보통의 능력을 가진 사람이라도 꾸준히 노력하면 가능하다. 이런 것조차 배우고 익히려 하지 않는 까닭은 자신이 태만하기 때문이다.

태만한 사람은 어떤 문제가 발생하면 끝까지 파고들려는 노력을 하지 않는다. 조금 어렵다거나 귀찮다거나 하면 금방 포기하거나 다른 사람에게 미루는 경향이 있다. 조금만 더 참고 견디며 노력하면 목적을 달성할 수 있음에도 불구하고 그 직전에 고비를 넘지 못하고 포기하는 것이다. 그리고는 쉽게 손에 넣을 수 있는 것. 결과적으로 표면적인 지식만을 얻은 상태에서 만족하고 만다. 조금 더 참고 노력해서 지식을 얻느니 차라리 모르고 지내는 것이 낫다고 생각한다.

이런 사람들은 대부분 일을 맡게 되면 '모르는 분야라서 할 수 없다' '해보지 않아서 못 하겠다' 라고 한다. 실제로 정면으로 부딪쳐 보면 충분히 할 수 있는 일임에도 불구하고, 처음부터 포기하고 마는 것이다. 이런 부류의 사람들에게는 자신이 경험해 보지 못한 어려운 일은 곧 불가능한 일이 된다. 따지고 보면 이런 모든 일은 자기 태만의 변명으로밖에 들리지 않는다.

그들은 한 가지 일에 불과 1시간이라도 집중하는 것을 고통스럽게 생각한다. 그래서 어떠한 일을 맡게 되더라도 처음에 받아들인 그대로 해석하고 처리하려 한다. 조금이라도 더 진지하게 생각하거나 여러 각도에서 분석하기보다는 한 방향으로만 생각하여 쉽게 처리하려고 한다. 결국 모든 일을 깊게 생각하기보다는 쉽게 하려는 사람이 되고 만다.이러한 사람이 통찰력이나 집중력을 겸비한 사람을 상대로 일을 하게 되면 금방 무지와 태만이 드러나게 되고 횡설수설 엉뚱한 변명만 늘어놓기 마련이다.

그렇기 때문에 처음부터 '어렵다'. '귀찮다' 라는 생각이 들 때마다 좌절하기 보다는 오히려 더욱 분발해서 밀고 나가야 한다. 한 순간의 고비만 넘기면 그 일은 쉽게 해결할 수 있다.

지식 중에는 어느 특정한 직업인에게는 필요하고 그밖에 사람에게는 필요하지 않은 것도 있다. 예를 들면 항해학, 천문학, 우주과학과 같은 것은 표면적이고 일반적인 지식만 알고 있어도 충분하다.

어떤 직업을 가지고 있더라도 공통적으로 꼭 알아두어야 할 지식들은 철저히 알아두는 것이 좋다. 어학, 역사, 지리, 철학, 논리학, 수학 등이 그런 분야이다. 그것들과 더불어 세계 각 나라의 정치, 경제, 문화 등에 대한 지식도 필요하다. 이러한 광범위한 지식을 자기 것으로 만들어 소화시킨다는 것은 쉬운 일이 아니며 많은 노력을 기울여야 할 것이다. 그리고 하루 이틀에 이루어지는 것도 아니고 오랜 시간 쉬지 않고 꾸준히 공부해야만 얻을 수 있는 것들이다. 그러나 이런 것들을 자신의 것으로 만들어 놓으면 일평생 없어지지 않는 커다란 재산이 될 것이다.

거듭 말하지만 어리석은 사람들이 걸핏하면 입에 담는 '그런 일은 못한다' 는 변명은 하지 말아야 한다. 정신적으로나 육체적으로 '할 수 없는' 일은 없다. '한 가지 일에 장시간 집중할 수 없다' 는 것은 '나는 바보입니다. 하고 싶지 않습니다' 라고 말하는 것과 같은 것이다.

다른 모든 사람들이 태연하게 하고 있는 일을 '할 수 없다' 고 하는 것은 정말 부끄러운 일이고, 또한 어리석은 일이다.

03. 집중력을 키워라
바보스러운 2030에게

보통 주위가 산만하다는 말을 듣는 사람은 일반적으로 마음이 다른 곳에 가 있는 사람이다. 그런 사람과 자리를 함께 하면 즐거운 시간을 보내기 어렵다. 또한 그런 사람은 대부분 예의에서 벗어난 행동을 하는 경우가 많다. 예를 들면, 어제는 다정하게 이야기하던 사람에게 오늘은 모른 척 한다거나, 다른 사람들이 공통적으로 화제로 삼는 이야기에 끼지 않고 자신만의 이야기를 한다거나, 다른 사람의 이야기를 듣지 않고 있다가 불쑥 끼어들어 말을 중간에서 자른다거나 하는 행동을 보인다.

이러한 행동은 평소에도 자신이 해야 하는 일에 집중하지 못한다는 증거이다. 그렇지 않다면 자신이 더 중요하다고 생각하는 다른 무엇인가에 정신을 빼앗기고 있다고 생각할 수밖에 없다.

확실히 아이작 뉴턴[2]을 비롯해서 천지창조 때부터 오늘에 이르기까지 세상에 이름을 빛낸 몇몇 천재들은 다른 사람들과 함께 있어도 자신만의 사색에 열중해도 된다고 허락 받았는지도 모른다. 그렇지만 그와 같이 뛰어난 천재가 아닌, 일반 사람들은 그렇게 해서는 안 된다. 조금이라도 그런 태도를 보인다면 당장 동료들로부터 따돌림을 받게 된다.

부주의한 사람, 주의가 산만한 사람과 함께 지내는 것만큼 불편한 것은 없다. 그것은 상대를 모욕하고 있는 것과 마찬가지다. 모욕은 어떤 사람에게 있어서든지 용서받을 수 없는 일이다.

과연 어느 누가 자신이 존경하는 사람, 자신이 사랑하는 사람을 앞에 두고 다른 곳에 정신을 팔 수 있겠는가? 그럴 리가 없다. 결국은 어떤 사람이라도 자신이 주목할 만한 가치가 있다고 보는 사람 앞에서는 한눈 팔지 않고 집중하는 법이다. 그리고 어떤 경우라도 주목할 만한 가치가 없는 사람은 존재하지 않는다. 결국 자신과 상대하는 모든 사람에게 집중해야 한다.

마음이 다른 곳에 가 있는 것처럼 보이는 사람과 함께 있느니 차라리 죽은 자와 함께 있는 편이 나을지도 모른다. 적어도 죽은 사람은 나를 바보 취급하지는 않기 때문이다. 정신이 멍해 있는 사람은 상대방에 대해 주목할 만한 가치가 없는 사람이라고 생각한다는 것을 암암리에 보여주고 있는 것이다.

가령 그것이 허용된다 하더라도 정신이 산만한 사람이 과연 함께 지내는 사람들의 인격이나 태도, 그 지방의 관습 같은 것을 정확하게 관찰할 수 있을 것이라고 생각하는가? 그것은 불가능하다. 그런 사람은 설사 평생을 훌륭한 사람들과 함께 지낸다 하더라도 무엇 하나 배울 수 없을 것이다. 현재 자신이 해야 할 일, 하고 있는 일에 주의를 기울이지 못하는 사람은 좋은 일을 할 수 없으며, 좋은 동료가 될 수도 없다.

---

2) Newton. Sir Issac(1642~1727): 영국의 수학자, 물리학자, 천문학자, 〈만유인력의 법칙〉 발견

04. 작은 일에도 소홀하지 않은 사람이 성공한다
사소한 것에도 목숨을 거는 2030에게

세상에는 하찮은 일로 일년 내내 바쁘게 살아가는 사람들이 있다. 그들은 무엇이 중요하고 무엇이 중요하지 않은 지를 모르고 있다. 그래서 중요한 일에 써야 할 시간과 노력을 쓸데없는 일에 쏟아 버리고 있는 것이다. 이런 사람은 누군가와 만나서 이야기를 해도 상대방의 겉모습만 보고 판단하게 되며, 그 사람의 내면에 있는 인격이나 능력에는 신경을 쓰지 않는다.

또한 연극을 보러 가서도 내용보다는 외부 장식에 눈을 돌리고, 정치를 하면서도 정책을 논하기보다는 형식이나 절차에 더욱 신경을 쓰기도 한다. 이런 사람들은 더 이상 발전의 여지가 없는 사람들이다.

그러나 아무리 사소한 것이라도 그것이 없으면 다른 사람으로부터 호감을 얻을 수 없거나, 다른 사람의 주목을 받을 수 없는 것이 있다. 예를 들어 노래를 잘 부른다거나, 춤을 잘 춘다거나, 늘 뛰어난 감각을 발휘한 옷맵시 등이 이런 것에 포함된다.

이러한 것은 존경받는 사람이 되기 위해 지식이나 식견을 얻고 훌륭한 태도를 몸에 익히고자 하는 것과 마찬가지로, 아무리 사소한 것이라도 몸에 익히도록 노력하는 것이 좋다. 조금이라도 해 볼 가치가 있다고 생각되는 것은 최선을 다해서 몸에 익히도록 해야 한다. 그것은 삶을 살아가는 데 많은 도움을 줄 것이다. 그렇기 때문에 지식이나 식견을 쌓고, 훌륭한 태도를 익히는 것과 마찬가지로 그 외의 사소한 것에도 최선을 다해 배우라고 권하고 싶다.

05. 상대방도 당신과 똑같은 '프라이드'를 갖고 있다
자존심이 강한 2030에게

세상에는 여러 종류의 사람들이 있다. 어리석은 사람도 있고, 똑똑하지 못한 사람도 있다. 그런 사람들까지 존경해야 한다고 말하지는 않지만, 그렇다고 해서 바보로 취급해도 좋다는 것은 아니다. 그리고 마음 속으로 상대를 싫어하는 것은 자유지만, 이유도 없이 그런 마음을 드러낼 필요는 없다. 때로는 마음 속에 있는 마음과 다른 태도를 보여주는 것도 현명할 때가 있다.

왜냐하면 그러한 사람들조차도 언젠가는 당신에게 힘이 될 수도 있기 때문이다. 만일 그런 사람들을 단 한 번이라도 업신여긴 적이 있다면, 언젠가는 그 사람의 도움이 필요할 때, 후회를 하게 될 지도 모른다. 나쁜 짓은 용서받을 수 있지만, 모욕은 용서받지 못한다. 사람은 누구에게나 자존심이 있으며 그것이 업신여김 받은 일을 잊지 않고 기억하게 해주는 것이다.

실제로 자기의 과실을 친구에게 말하는 사람은 있을 지라도 자신의 약점이나 결점을 아무리 친한 친구라고 해도 그대로 털어놓는 사람은 거의 없다. 그와 마찬가지로 과실을 지적해 주는 친구는 있어도, 상대의 어리석음을 노골적으로 이야기하는 사람은 없을 것이다. 그것은 자존심에 깊은 상처를 준다는 것을 알고 있기 때문이다.

어떤 사람은 약간의 모욕을 느낀 것에 대해서도 심각한 노여움을 나타낼 만큼의 자존심을 갖고 있다. 그러므로 평생의 적을 만들고 싶지 않다면, 그 사람이 아무리 모욕을 받아도 마땅할 정도의 못된 사람이라고 생각되더라도 그것을 겉으로 드러내서는 절대 안 된다.

젊은 사람들은 우월감을 나타내기 위해, 또는 주위 사람들을 즐겁게 해주고 관심을 끌고 싶어서 다른 사람의 약점이나 결점을 폭로하는 경우가 있다. 그러나 절대로 그렇게 해서는 안 된다. 그런 유혹은 극복해야만 한다. 그런 행동을 하게 되면 그 당시는 확실히 주위 사람들을 웃길 수는 있으나 그 일로 인해 놀림받은 당사자는 평생 자신의 적이 될 것이다. 게다가 그 당시에 함께 웃었던 친구들까지도 나중에 다른 자리에서는 자신을 믿지 못하게 된다. 그리고 결국 그 사람들도 자신을 싫어하게 될 것이고, 결국에는 외톨이로 남을 것이다.

그뿐만이 아니다. 첫째 그런 짓을 하는 사람은 형편없는 사람이다. 마음씨가 착한 사람이라면 남의 약점이나 불행을 감싸줄망정 공개적으로 폭로할 리가 없다. 만약 재치가 있다면 다른 사람의 마음을 아프게 하기 위해서가 아니라 마음을 유쾌하게 만드는 데 사용하기 바란다.

다시 말해서 상대방을 어떻게 대해주어야 할 것인가에 대한 대답은 간단하다. 자신이 상대방에게 어떻게 인정받아야 기분 좋고, 기뻐할 것인가를 생각해 보면 된다. 즉 자신이 대접 받고 싶은 만큼 상대방을 대접해 주면 된다는 것이다. 세상일이란 주는 만큼 받는 것이다. 당신이 상대방에게 해주는 만큼 당신이 되돌려 받을 것이다. 그런 점을 늘 유의해서 당신이 어떻게 해야 하는 것인가를 판단해야 한다.

06. '자신의 가치관'만으로 세상을 판단 하지 말라

거짓말 하는 2030에게

세상에는 자신과 다른 생각이나 가치관을 갖고 살아가는 사람들이 많다. 물론 그 사람들의 생각이나 가치관이 대다수의 사람들이 믿는 것과는 다를 수도 있는 것이다. 그러나 아무리 그릇된 생각이라도 본인들이 그렇게 믿고 있는 한은 결코 그러한 생각이나 가치관에 대해서 웃거나 책망해서는 안 되는 것이다.

분별력이 흐려져 앞을 잘 보지 못하는 사람은 불쌍한 사람들이다. 비웃음을 살 만한 일이나 비난받을 만한 일을 해서 그렇게 된 것은 아니다. 그러니까 부드러운 마음으로 대해 주고, 될 수 있으면 좋은 이야기를 나누어서 올바른 방향으로 이끌어 주겠다는 마음가짐으로 대하는 것이 좋다. 결코 비웃거나 책망을 해서는 안 된다.

사람은 누구나 자신이 생각한 것에 따라 행동하는 법이다. 자신과 같은 생각을 하지 않으면 안 된다고 생각하는 것은 자기와 체격도 같아야 하고, 생김새도 같아야 한다고 생각하는 것과 마찬가지로 오만한 생각이다. 인간은 누구나 자기 자신의 생각과 삶이 옳다고 여기며 살아가고 있다. 그러나 정말로 누가 옳은 가를 알고 있는 사람은 오직 신(神)뿐이다.

그러므로 자신의 생각과 다르다고 해서 남을 업신여기는 것은 우스운 일이며, 자기가 믿고 있는 것과 다르다고 해서 이교도(異敎徒) 취급을 하여 박해하는 것도 우스운 일이다. 보통 사람은 자신이 경험한 정도 밖에는 생각할 수 없고, 믿을 수가 없다. 즉 자신이 알고 있는 범위 내에서만 생각하고, 믿는 것이지 자신이 알지 못하는 것은 말할 수도 없으며 믿을 수도 없는 것이다.

따라서 비난받아야 할 사람은 고의로 거짓말을 한 사람, 알지 못하는 이야기를 꾸며내어 날조한 사람이다. 반대로 자신이 본대로 이야기하고, 자신이 본 것을 그대로 믿는 사람은 아닌 것이다.

원래 거짓말 만큼 죄가 깊고, 비열하고, 어리석은 것은 없다. 거짓말을 하게 되는 이유는 상대에게 나쁜 감정을 가지고 있거나, 자신의 불안한 마음을 감추려는 허영심 때문이다. 하지만 어느 경우에도 자신이 거짓말로 목적을 달성하는 일은 드물다. 상대를 속인다 하더라도 결국 거짓이라는 것을 영원히 감출 수는 없기 때문이다.

예를 들어 누군가의 행운이나 인덕(仁德)을 시기해서 거짓말을 했을 때, 처음 얼마간은 상대에게 상처를 입힐 수 있을지도 모른다. 그러나 결국에는 그것이 거짓말이라는 것이 드러나게 마련이고, 그 와중에 가장 큰 상처를 받는 것은 오히려 자기 자신이 될 것이다. 더구나 한 번이라도 이러한 거짓말을 한 것이 소문이 난다면 그 이후 비록 진실된 말을 할지라도 다른 사람들은 그 사람을 믿지 않게 될 것이다.

만약 자신의 언행에 대해 변명을 하거나, 명예가 손상되고 창피를 당할까 두려워 거짓말을 하거나, 발뺌을 하게 되면 당장 그 순간은 모면

할 수 있을지 모른다. 하지만 얼마 지나지 않아 오히려 그 거짓말로 인해 자신의 명예가 그보다 몇 곱절 더 손상되는 것을 경험하게 될 것이다. 그는 주변 사람들로부터 가장 비겁하고 야비한 인간이라는 말을 들어도 어쩔 수 없는 일이다.

만일 당신이 불행하게도 잘못을 저지르게 된다면 거짓말로써 그 순간을 넘기고, 숨기려 하기보다는 정직하게 인정해 버리는 것이 떳떳하다. 그리고 그렇게 하는 것이 속죄를 하는 유일한 방법이며 용서를 구하는 좋은 방법이기도 하다. 이런 행동이 자신을 떳떳하고 자신 있게 만들어주며, 만일 거짓말로 일관한다면 늘 불안한 마음으로 세상을 살아가야 할 것이다.

과실이나 약점을 숨기려고 발뺌을 하거나 얼버무리거나 속이는 행위는 그러한 모습을 보는 순간 그때까지 쌓아온 그 사람의 신뢰를 하루아침에 무너뜨리는 것이 된다. 그리고 그 사람의 속셈이 드러나게 되어 모든 사람이 경계하게 된다.

양심이나 명예에 손상을 입지 않고 정직한 사회의 일원으로 살아가고자 한다면 거짓말을 하거나 속이거나 하는 일을 결코 하지 않아야 되며 오로지 정직하게 살아가야 한다. 이것은 일평생 동안 가슴 깊이 새겨 두어야 한다. 그렇게 하는 것이 인간으로서의 의무이며 자신에게도 이익이 되는 것이다. 그 증거로 어리석은 사람일수록 거짓말을 잘한다는 것을 살아가면서 체험할 수 있을 것이다.

07. 상대방을 감복시키는 위엄 있는 태도
위엄이 없는 2030에게

인간에 대하여, 인간의 성격과 태도에 대하여 즉 세상을 살아가는 방식에 대하여 이야기하고자 한다. 이러한 이야기는 우리가 살아가는 동안에 부딪치는 문제들이며, 젊은 시절에는 실제로 체험하지 못하고 지나치는 경우가 많은 이야기들이다.

세상을 살아가는 지혜에 대한 이야기를 젊은이들에게 바로 알려주기란 쉬운 일이 아니다. 많은 사람들이 책을 통하여, 직접 대화를 나누며 또는 여러 가지 방법을 통하여 이야기하고 있지만 젊은이들이 쉽게 이해하지 못하는 것처럼 느껴진다. 이것은 그러한 가르침을 전하는 사람들에게도 문제가 있다고 생각된다. 즉 가르침을 받는 젊은이들의 입장에서 가르치기 보다는 자신의 입장에서 이야기하는 경우가 많기 때문이다.

학교 선생님들은 자신의 전공 분야에 대하여는 자신 있게 가르치지만 훌륭한 삶을 살아가는 지혜를 가르치기에는 어쩐지 서툴러 보인다.

그것은 부모들도 마찬가지다. 자신들이 살아온 경험을 자녀들에게 올바로 전수하기란 그리 쉬운 일이 아니라고 입을 모아 이야기한다.

나는 이러한 현상을 이해할 수 있다. 확실히 세상을 올바르게 살아가는 지혜는 실제로 체험해서 몸으로 익히지 않고는 이해하기 어렵다는 것을 의미하기 때문이다. 또한 이론만으로는 실감을 할 수 없기 때문이기도 하다.

그렇다 하더라도 세상을 먼저 경험한 선생님이나 부모들이 아직 미지의 세계로 발을 들여놓지 못한 수많은 젊은이들에게 그 세계에 대한 안내지도를 건네주어야 한다. 그렇게 함으로써 미래의 주인공인 젊은이들의 삶에 대하여 실패할 수 있는 가능성보다는 성공할 수 있는 가능성을 더욱 높여줄 수 있기 때문이다.

이제 본론으로 들어가 보자 아무리 훌륭한 사람이라도 다른 사람들의 존경을 받으려면 어느 정도의 위엄을 갖추고 있어야 한다.

야단법석을 떨거나 시시덕거리고 종종 큰 소리로 주책없이 웃는다거나 함부로 농담을 하거나 익살스러운 행동을 한다거나 혹은 무턱대고 다른 사람을 따르거나 하는 일련의 행동은 위엄이 있는 태도가 아니다. 이러한 태도를 취하고 있으면 아무리 지식이 풍부한 인격자라고 하더라도 존경을 받을 수 없으며, 오히려 업신여김을 당할 지도 모른다.

쾌활한 것은 좋지만 쾌활한 사람으로서 존경받는 인물은 상당히 드물다. 게다가 무턱대고 붙임성이 많은 것도 손위 사람에게는 부담을 주게 되기도 하고, 주변 사람들로부터 너무 쉽게 대한다는 느낌을 받을 수 있다. 자신보다 어리거나 신분이 낮은 사람에게 저자세로 다가서면 상대방은 그런 태도를 오해하여 대등하게 상대하려고 할 것이고, 자신의 그러한 태도에 몹시 난처해 질 것이다. 또한 농담을 잘하는 사람은 어릿광대와 조금도 다를 바가 없다. 농담으로 다른 사람을 감복시킬 수 있다는 말은 들어보지 못했다. 그것은 진지한 태도와 언행으로 상대방을 감동시키는 것과는 상당히 거리가 먼 것이다.

결국 자신의 본래 성격이나 태도와는 관계없는 위와 같은 태도로 인해 상대의 마음을 사서 동료로 받아들여지거나 환영받거나 하는 사람은 결코 존경받는 일이 없는 법이다. 적당히 이용만 당할 뿐이다.

우리들은 곧잘 이런 말을 한다. 저 사람은 노래를 잘 하니까 우리 그룹에 넣어 주자, 춤을 잘 추니까 무도회에 초대하자, 언제나 유머가 풍부하고 사람들을 즐겁게 해주니까 이번 모임에 초대하자고 한다. 또는 저 사람은 자기 말만 하니까 이번 모임에는 부르지 말자, 금방 술에 취해 좋지 않은 모습을 보여주니까 부르지 말자 등등의 말을 하기도 한다.

위의 말을 듣는 것은 칭찬을 받는 것도, 호감을 사는 것도 아니다. 오히려 비난받고 있는 것과 다름없다. 특별히 지명을 받아 바보 취급을 당하는 것은 아니라 할지라도 적어도 정당하게 평가받고 있는 것도, 존경받고 있는 것도 아닌 것만은 분명한 것이다.

그렇다면 어떠한 것이 위엄 있는 태도일까? 위엄 있는 태도라는 것은 거만한 태도와는 다른 것이다. 아니 오히려 반대되는 것이라고 해도 좋다. 거만하게 으스대는 것은 용기가 아니며, 그것은 농담이 기지(奇智)가 아닌 것과 같은 논리다.

거만한 태도만큼 품위를 떨어뜨리는 것은 없다고 해도 좋다. 교만한 인간의 자존심은 분노를 낳게 하지만, 그 이상으로 조소와 멸시를 낳는다. 이것은 물건을 터무니없이 비싼 가격으로 판매하려고 하는 상인과 흡사하다. 그러한 상인에게는 우리들도 터무니없이 싼값으로 응수한다. 그러나 정당한 값을 부르고 있는 상인에게는 누구도 시비를 걸지 않는다.

위엄이 있는 태도란 무턱대고 아첨을 하는 것이 아니다. 팔방미인처럼 행동하는 것도 아니다. 반대로 무엇에든 거역하는 것도 아니다. 시끄럽게 논쟁을 하는 것도 아니다. 자신의 의견을 겸손하고 명확하게 말하며, 다른 사람의 이야기를 기분 좋게 듣는 이러한 태도를 위엄이 있는 태도라고 말할 수 있는 것이다.

위엄은 외모를 통해서 부여할 수도 있다. 얼굴 표정이나 동작을 그럴듯하고 진지한 분위기로 만드는 것이다. 물론 생동감 있는 기지나 고상한 쾌활함이 그러한 표정에 더해진다면 금상첨화다. 그러한 것은 원래 존엄을 느끼게 하는 것이다.

이와 반대로 실없이 히죽거리며 웃는 태도나 침착성 없는 몸짓은 그야말로 가벼운 느낌을 준다.

외모를 통하여 위엄을 나타내고자 해도 언제나 당하기만 하는 사람은 아무리 몸부림쳐도 용기 있는 인간으로는 보이지 않는 것처럼, 악으로 물든 인간은 위엄이 있는 인간으로는 보이지 않을 것이다. 그러나 그러한 인간이라도 예의바르게 행동하고 당당한 태도를 보인다면 타락하는 속도가 조금은 줄어들지도 모른다.

위엄을 몸에 익히기 위해서는 어떻게 행동해야 하는 가에 대하여 스스로 체험하기 바란다.

제 2장

필립 체스터필드의

미래의 주인공인 2030이여!

지금 이 순간 인생 목표를 세워라.
네 인생은 바로 너의 몫이다.

꽃에 향기가 있듯이 사람에게도 품격이란 것이 있다.
그러나 꽃도 그 생명이 생생할 때에 향기가 신선하듯이
사람도 그 마음이 맑지 못하면 품격을 보전하기 어렵다.
썩은 백합꽃은 잡초보다 오히려 그 냄새가 고약하다.

셰익스피어

01. 오늘 이 순간이 네 인생을 결정한다
목표가 없는 2030에게

사랑하는 젊은이에게 해주고 싶은 말은 첫 번째가 '시간을 잘 활용해야 한다'는 것이다. 이것은 자신에게 주어진 시간이 얼마나 소중한 것인가를 항상 명심하고, 그 시간을 잘 활용할 수 있는 방법을 배워, 그대로 실천해야 한다는 말이다.

사람들은 누구나 '시간은 소중하다'라고 쉽게 말한다. 심지어 시간을 많이 낭비하는 사람조차도 시간은 그야말로 중요하다고 말한다. 하지만 실제로 자신에게 주어진 시간을 효과적으로 사용하는 사람을 찾아보기 힘들다.

사람들이 시간에 흥미를 가지게 된 것은 시계를 발명하면서부터가 아닐까 생각한다. 사람들은 날마다 시계를 보면서 시간을 효율적으로 활용한다는 것이 얼마나 중요하며, 일단 잃어버린 시간을 되찾기란 얼마나 힘든 것인가를 실감하고 있는 것이다.

그러나 이러한 교훈도 단순히 이해하는 것만으로는 충분하지 못하다. 실제로 자신의 경험으로 몸에 익혀, 다른 사람들에게 가르침을 줄 수 있을 정도까지 되지 못한다면, 정말로 시간의 가치를 정확히 이해하고, 그 시간을 효과적으로 사용할 수 있는 방법을 알고 있다고는 말할 수 없다.

그런 관점에서 현재 자신의 생활하는 모습을 돌이켜보고, 자신에게 주어진 시간을 어떻게 사용하고 있는 지를 관찰해 보아야 한다. 주어진 시간을 제대로 활용하는 지를 알고 있는 것과 알지 못하는 것의 차이는 대단히 중요한 문제다. 알고 있다는 것과 그렇지 않은 것과는 앞으로 인생을 살아가는 데 하늘과 땅만큼의 차이를 가져올 수도 있는 것이다.

특히 지금 이 순간이 자기 자신에게는 가장 중요한 시기라고 생각한다. 이는 전문 직업인으로 성공하여, 안정된 생활기반을 이루기 전까지는 학업에 충실하여 지식의 기반을 닦아 주어야 할 시기라고 생각한다. 그렇게 하지 못하면 그 이후의 인생은 자신이 이루고자 하는 꿈을 포기해야 함은 물론, 원하지 않는 방향으로 진행될 수도 있을 것이다. 지식이라는 것은 자기 자신이 살아가고자 하는 인생에 대한 밑거름이 될 것이기 때문이다.

나는 퇴직한 후에도 늘 책과 더불어 지내고 싶다. 지금처럼 누구에게도 방해받지 않고 독서의 즐거움에 빠질 수 있는 것도 그 근본을 따져 보면, 과거 젊은 시절에 확고한 인생 목표를 세우고, 최선을 다해 공부를 했기 때문이라고 생각한다. 만약 그 당시에 조금 더 노력했더라면 현재 내가 누리는 것보다도 더욱 커다란 만족감을 느끼고 있을지도 모른다. 어쨌든 이렇게 삶의 현장에서 은퇴를 하고, 노후를 평안하게 보낼 수 있다는 것에 자부심을 느끼고 있다.

젊은 시절에 열심히 공부를 한 것은 지금도 잘했다고 생각한다. 그렇다고 해서 놀기 위해서 허비한 시간이 아깝다는 것은 아니다. 논다는 것은 삶을 더욱 흥미롭고, 풍요롭게 하며 젊은 시절에는 그 자체로서도 즐거움이었다. 나도 젊었을 적에는 마음껏 놀기도 하였다. 만일 그렇게 하지 않았다면 놀이 문화에 대해 잘못된 편견을 가지고 있었을 지도 모른다. 하지만 다행스럽게도 나는 마음껏 놀았기 때문에 놀이 문화가 어떤 것인가를 잘 알게 되었고, 그로 인해 후회하지도 않았다. 또한 놀기 위해서 허비한 시간이 아깝지 않은 것처럼 공부가 아닌 다른 일을 하기 위해서 소비한 시간도 전혀 아깝지 않다고 생각한다.

나는 일을 하거나 놀이를 하거나 어떤 상황에서든 최선을 다해 열심히 했다. 주변에서 같이 일하는 사람이 힘들고 어려워하더라도 후회하지 않을 정도로 최선을 다했다. 물론 보람도 있었지만 좌절했던 순간도 있었고, 눈물을 흘렸던 기억도 남아 있다. 하지만 나는 그런 과거를 절대로 후회하지는 않는다. 다만 내가 지금도 후회하고 있는 한 가지는, 젊었을 때 아무것도 하지 않고 흘려버린 시간들이다. 일을 하든, 놀이를 하든, 무엇인가를 한다는 것은 그 자체에서 배울 수 있는 경험이 되지만 아무것도 하지 않는다는 것은 귀중한 시간을 쓰레기통에 그냥 버리는 것과 같다.

앞으로 지식을 쌓아가야 할 몇 년 동안은 자신의 인생에 있어서 대단히 중요한 시기가 될 것이다. 그래서 다시 한번 다짐 해주고 싶다. 이 기간을 헛되이 보내지 말고 뜻깊게 사용하였으면 한다. 이 기간을 아무 것도 하지 않고 보낸다면, 앞으로 살아가면서 필요한 경험을 쌓지 못하게 되어 그만큼 퇴보하게 될 것이다. 하지만 이 기간을 정말 잘 활용한다면 지금 이 순간의 경험에 이자까지 포함하여 훗날 많은 것을 돌려받을 수 있을 것이다.

앞으로 몇 년 동안은 한 눈 팔지 말고 지식을 쌓는 것에 충실하라고 하고 싶다. 일단 지식으로 무장한 밑바탕을 지니고 있으면 언제 어느 상황에 처하더라도 충분히 대응할 수 있게 된다. 밑바탕을 이룬 기초 지식은 여러 상황에 적절히 대응할 수 있는 능력을 제공해 주기 때문이다.

그리고 젊었을 때 기반을 다져 주지 않으면 나이가 들어 지식이나 경험이 필요하다고 생각되었을 때는 이미 늦었다는 것을 깨닫게 된다. 일단 사회에 진출하게 되면 다시 공부하거나 책을 읽을 만한 시간이 충분하지도 않고, 그럴만한 여건이 주어지지도 않기 때문이다.

그러므로 인생에 있어서 지금 이 순간이 누구에게도 방해받지 않고 공부하기에 가장 좋은 시기이며, 많은 경험을 쌓기에도 가장 좋은 환경이다.

많은 책을 앞에 두고 지루하고, 따분하게 느낄 수도 있을 것이다. 그러나 반드시 지나가야 할 길이라면, 또 언젠가는 통과해야만 하는 길이라면 주저할 필요가 없는 것이다. 빨리 통과해서 그만큼 다른 사람들보다 더 빨리 인생 목표를 이룰 수 있다면 더욱 좋은 일이 아닌가.

자기 스스로가 어떻게 하느냐에 따라 인생 목표를 다른 사람들보다 더 빨리 성취하고 자유로운 삶을 살 수 있는지 여부가 결정된다.

그것은 바로 자신에게 주어진 시간을 어떻게 활용하느냐에 따라 달라진다. 모든 책임은 바로 자기 자신에게 달려 있는 것이다.

02. '노력 또 노력'만이 성공을 보장한다
사회 초년생인 2030에게

젊은 시절 자신의 건강을 유지하기 위해서는 모든 일에 절제만 잘 하면 별다른 체력관리나 약 없이도 충분하다. 그러나 정신적 활동은 그렇지 않다. 정신적 활동을 가능하게 하는 우리의 두뇌는 활용하면 할수록 더욱 효과적으로 좋아지는 기관이며, 반대로 활용하지 않으면 그만큼 퇴보하는 기관이다.

또한 자신의 두뇌를 활동적이고 건강한 상태로 유지하기 위해서는 상당한 훈련이 필요하다. 잘 훈련된 두뇌를 가진 사람과 그렇지 못한 두뇌를 가진 사람을 비교하면 훈련된 두뇌를 가진 사람이 경쟁에서 성공할 가능성이 높다. 물론 때로는 훈련 따위는 전혀 해보지도 않은 자연적인 천재가 있는 경우도 있지만 그런 일은 흔하지 않은 특수한 경우일 것이다. 게다가 그러한 천재가 훈련을 받으면 더 위대해지리라는 것은 눈으로 확인하지 않아도 뻔한 일이다.

그러니까 늦기 전에 착실하게 지식을 축적할 수 있도록 노력을 아끼지 말기를 바란다. 그러한 기본적인 능력조차 갖추지 못한다면 인생에서의 성공은 보장될 수 없는 것이다.

자신의 현재 처지를 돌아보면, 출세를 보장받기 위한 권력도 없고, 그만한 재산이 있는 것도 아니라면 무엇에 의지하여 자신의 꿈을 이루고, 인생 목표를 달성하며, 남들에게 보란 듯 출세를 할 수 있겠는가? 그것은 자신의 힘 이외에는 기대할 게 없지 않을까? 그것만이 유일한 출세의 길이고, 또 그렇게 되어야만 하는 것이다. 성공을 위해 필요한 것 중에서 자신 스스로 가질 수 있는 것은 오직 본인이 노력해서 얻을 수 있는 지식의 힘 밖에는 없는 것이다.

가끔은 자신의 능력이 뛰어났음에도 실패했다거나, 자신의 능력에 상응하는 대접을 받지 못했다는 사람들의 말을 듣기도 한다. 하지만 내가 알고 있는 바에 따르면 그런 일은 결코 없었다. 진짜 뛰어난 능력을 가진 사람이었다면 어떠한 역경이 있더라도 극복하고 마침내 성공을 이루는 사람이었을 것이다.

여기서 말하는 '마침내 성공을 이루는 뛰어난 능력을 가진 사람'은 지식과 식견이 있고, 태도도 훌륭한 사람을 말한다. 식견이 얼마나 중요한가는 여기서 새삼스럽게 말할 필요도 없을 것이다. 굳이 한 마디 한다면 식견을 갖지 못한 사람은 늘 다른 사람보다 한 발짝 뒤쳐진 삶을 살아간다는 것이다. 지식에 대해서는 계속 이야기하지만 인생에서 꼭 필요한 요소로써 언제 어느 순간이라도 즉시 사용할 수 있도록 자신의 몸에 철저하게 익혀두지 않으면 안 된다.

태도는 위에서 말한 '뛰어난 능력을 가진 사람'으로 평가받기 위해서는 빼놓을 수 없는 요소다. 태도 여하에 따라서 지식이나 식견이 빛을 내기도 하고, 흐려지기도 한다. 목표 달성에 이롭게 작용하게 만들기도 하고, 해를 주기도 한다. 그리고 다른 사람의 마음을 가장 먼저 매료시키는 것도, 지식이나 식견이 아니고 바로 그 사람의 태도인 것이다.

앞으로 내가 여기에서 이야기하는 것들에 대해 진지하게 생각해 주길 바란다. 그것들은 내가 오랜 세월을 살아오면서 경험으로 터득한 지혜이며, 나의 사랑하는 아들, 딸들과 같은 젊은이들에게 줄 수 있는 나의 가장 큰 애정 표현이다.

아직 사회를 충분히 경험하지 못한 젊은이들은 자신을 위해서 무엇인가를 할 수 있는 능력이 부족하다. 그러므로 지금은 나의 충고가 어느 정도나 도움이 될지 모르겠지만, 얼마 동안은 참고 견디면서 내가 이야기하는 것을 묵묵히 따라 주기 바란다. 그렇게 한다면 언젠가는 나의 충고가 헛되지 않았음을 깨닫게 될 날이 반드시 올 것이다.

03. 할 수 있다고 믿는 자에게 길이 있다
소극적인 2030에게

인간은 누구나 잠재된 능력을 가지고 있다. 그러나 대부분의 사람들은 자신의 능력을 제대로 발휘해 보지도 못한 가운데 생을 마감하는 경우도 흔히 있다. '천재란 1%의 영감과99%의 노력이다' 라는 말이 있다. 나는 모든 사람이 천재가 될 수 있다고 생각한다. 물론 그만큼 노력해야 되겠지만, 자신의 감추어진 능력을 찾아내서 개발한다면 누구나 천재가 될 수 있다고 믿는다.

이러한 능력을 개발하는 첫 단계가 '할 수 있다' 라는 자신감을 갖는 것이다. 즉 불가능하다고 생각하지 말라는 것이다. 세상에 불가능한 것은 없다. 행동하기도 전에 장애물을 겁내고, 할 수 없다고 생각하기 때문에 시도조차 해보지 못하는 것이다. 당신의 소극적인 자세부터 바꿔야 한다. 당신의 잠재된 능력을 믿고 '나는 할 수 있다' 라는 믿음으로 무장한다면 당신의 열등감과 무능함을 추방시킬 수 있는 것이다.

당신이 닭장 속에 있는 독수리가 되기를 원하지 않는다면, 하늘을 박

차고 날아 올라야 한다. 처음부터 자신이 닭이라고 믿고, 하늘을 날 수 있다는 능력을 믿지 못한다면 영원히 닭의 모습으로 살아가야 할 것이다. 그러나 당신이 하늘을 날 수 있다는 믿음으로 나는 연습을 꾸준히 한다면 언젠가는 저 푸른 하늘을 날아 오르게 될 것이다. 당신의 원래 모습은 독수리였기 때문이다.

그리고 인생을 살아가다 보면 선택해야 할 일들이 많이 생긴다. 그리고 그 선택 중에서 어떤 것이 최선이었나 하는 것은 결과를 보기 전까지는 알 수 없다. 사람들은 두 가지 길이 나오면 여러 가지 요소를 가지고 비교 분석하다가 쉽고 빠른 길을 선택하는 것이 일반적이다.

그러나 나는 이 같이 두 개의 길이 나온다면 주저말고 어려운 길을 택하라고 권하고 싶다. 힘들고 어렵다는 것은 자신이 아직까지 경험하지 못한 일이라는 뜻이다. 자신이 경험하지 못한 일이라고 해서 도전할 생각 없이, 늘 하던 방식대로 쉽고 빠른 길만을 선택해서 일을 한다면 장차 힘들고 어려운 일이 발생해도 그런 길만 찾다가 결국 자신의 능력으로 안 되는 일이 생기면 포기하는 것이다. 결국, 항상 그 자리에서 맴돌기만 하고 전혀 발전된 미래를 기대할 수 없다는 뜻이다.

따라서 평소부터 힘들고 어려운 길을 자주 다녀야 한다고 생각하는 것이다. 아무리 어려운 문제가 발생해도 정신을 똑바로 차리고 차근차근 도전해 간다면 결국 못해낼 일은 없다. 처음부터 자신감을 잃어버리고 포기한다면 자신의 뜻을 이루지 못하는 것이다.

이렇게 평소부터 힘들고 어려운 길을 선택해서 노력해 나간다면 미래에 아무리 험난하고 거친 일이 기다린다 해도 두려울 것이 없게 된다. 어린아이가 안락하고 편안한 자신의 집에서 벗어나는 것이 두려워 집안에서만 머무른다면, 어느 정도 나이가 들어서도 외부 세상과 부딪치는 것을 겁내게 될 것이다. 처음 문밖을 나서는 두려움만 이긴다면 그 다음부터는 바깥 세상이 얼마나 신나고 즐거운 세상인지 깨닫게 되고, 씩씩하게 문을 박차고 나갈 것이라는 것을 우리는 안다.

그리고 우리에게는 희망이라는 미래를 보고 살아간다. 우리에게 다가오는 미래는 그냥 오는 것이 아니다. 힘들고 어려운 과정을 겪어 내고 이길 때, 밝고 달콤한 미래가 오는 것이다.온실의 화초처럼 쉬운 길만 선택하고, 주어지는 것만 받아먹는다면 짧은 순간 화려하게 꽃 피울 수는 있지만, 오래 가지는 못할 것이다. 바람과 따가운 햇빛을 이기고, 비와 눈을 받아 먹고 자란 들꽃들은 아무리 거친 들판이라도 오래도록 자신만의 꽃을 피우고, 자신만의 향기를 발산할 수 있는 것이다.

모든 일은 스스로 해결하겠다는 자조정신이 필요하다. 이러한 자조정신은 인간이 진정한 성공을 이룩하기 위해서는 꼭 필요한 밑거름이다. 자기 스스로 문제를 해결하려 하지 않고, 타인의 도움을 받아서 문제를 풀어나가는 생활 방식은 인간을 나약하게 만든다. 스스로 자신을 도우려고 하는 정신이야말로 그 사람을 언제까지나 존경하게 되고 활기찬 생활을 하도록 도와 준다.

따라서 남을 위해 잘 되라고 도움의 손을 내미는 것이 오히려 상대에게는 자립하고자 하는 마음을 잃게 하고, 나아가 그 필요성까지도 잊어버리게 함으로써 무력한 인간으로 만들 수도 있다. 그러나 많은 사람들은 자신의 행복과 영광을 얻을 수 있는 것은 자신 스스로의 행동이 아니라 주변 환경의 탓에 의한 것이라고 믿고 있는 경향이 있다.

올바른 교육이란 학문이 아니라 바로 생활, 그 자체이며 행동하는 것이고, 위대한 사람의 성공담이 아니라 그 사람의 성공적인 삶의 과정인 것이다. 따라서 뛰어난 인물의 성공담에는 확실히 배울 점이 많고 살아가는 지침으로서, 또 마음을 북돋아주는 양식으로서 도움이 된다. 훌륭한 인간성을 가진 인물은 자조정신과 목적을 향해 한 방향으로 매진하는 추진력, 끊임없이 노력할 수 있는 인내력 그리고 평생 변하지 않는 성실성을 겸하여 갖추고 있다.

이러한 성공담은 위대한 사람의 생애를 알기 쉬운 말로 전하고 우리가 목표를 이룩하려면 무엇이 필요한 가를 확실히 보여준다. 또 주인공이 불우한 환경에서 뜻을 세워 명예와 명성을 얻을 때까지의 흐름을 생생하게 묘사하고, 독자에게 자존심과 자신의 중요성을 느끼게 해준다.

과학 분야든 문학이나 예술 분야든 위인이라 찬양 받는 인물은 특정한 신분의 계층에 속해 있는 것이 아니다. 대학을 나온 사람도 있고, 어렸을 때부터 일을 한 사람도 있다. 가난한 오두막에서 태어난 사람이 있는가 하면 부잣집에서 태어난 사람도 있다.

매우 가난하게 자랐음에도 불구하고 결국에는 최고의 지위에 올라간 인물의 예를 보면 아무리 혹독하고 극복하기 어려운 장애물도 인간이 성공하는 데 있어서는 충분히 해결할 수 있음을 알 수 있다. 대부분의 경우 이와 같은 고난은 반대로 사람들에게 도전할 수 있는 욕망을 일으키기도 한다. 요컨대 가난을 극복하고 일하려는 의욕도 생길 것이고, 고난에 직면하지 않았으면 자신에게 있었는지도 모를 가능성도 알 수 있기 때문이다.

이와 같이 장애를 극복하고 승리를 얻은 사람의 예는 많다. 그것은 '한 뜻으로써 만사를 이룩할 수 있다.' 라는 격언을 멋지게 증명하고 있다.

제 3장

필립 체스터필드의
최고의 인생을 위하여

일도 공부도 놀이도 열심히 하라.
최선을 다하는 것, 그것이 최고를 만든다.

가정에서는 친절을, 사회에 나가서는 정직을
일에 있어서는 철저한 것을, 교제에 있어서는 예의를
불행한 일에는 동정을, 죄악에 대해서는 항거를
모든 사람에게는 존경과 사랑을, 이것이 인간의 본질이다.

찰스 베닝

01. 오늘 1시간은 내일의 1년과 같다
시간을 낭비하는 2030에게

부(富)와 재물을 제대로 사용할 줄 아는 사람은 드물다. 그러나 그보다도 시간을 현명하게 사용하는 사람은 더 적다. 그리고 시간을 현명하게 사용하는 것이 부와 재물을 제대로 사용하는 것보다 더욱 중요한 것은 말할 필요가 없다.

나는 모든 젊은이가 이러한 두 가지를 현명하게 사용할 줄 아는 사람이 되어 주기를 바라고 있다. 대개 젊었을 때는 시간은 충분히 있다거나, 아무리 낭비해도 없어지는 일이 없다고 생각하기 쉬운 법이다. 하지만 그것은 막대한 재산을 한 순간에 모두 탕진해 버리는 것과 같은 것이다. 그러므로 시간의 소중함을 깨달았을 때는 이미 때를 놓치고 어찌할 수 없는 상태가 되어 있는 경우가 많다.

오늘 1시간을 소홀히 여겨 낭비하는 사람은 내일은 1분에도 후회하게될 지도 모른다. 그러므로 10분이든, 1시간이든 소홀히 하지 않도록 해야 한다. 10분이나 1시간이라고 해서 우습게 보다가는 하루에 몇 시간을 낭비하게 된다. 그것이 한달 모이고, 일년 동안 모이면 이미 적지 않은 시간을 낭비하게 될 것이다.

세상에는 할 일없이 빈둥빈둥 시간만 보내는 사람이 많이 있다. 커다란 의자에 기대앉아 하품을 하면서, "무엇인가를 시작하려면 아무래도 시간이 모자라고……."라고 말을 한다.

그러나 이러한 사람은 실제로 시간이 충분히 있다고 하더라도 무엇인가 시작하는 일은 없다. 결국 아무것도 하지 못하고 시간을 허비해 버린다. 불쌍한 사람이라는 말밖에는 더 할 말이 없다. 아마도 이러한 사람은 공부를 하거나 다른 일을 하더라도 결코 성공하는 일은 없을 것이다.

앞으로 자신에게 남아있는 몇 년이, 아니 몇 시간이 당신의 일생에 얼마나 큰 의미를 갖는 지를 생각해 보라. 그걸 생각한다면 단 한 순간도 소홀히 할 수 없을 것이다.

그렇다고 해서 온종일 책상 앞에 앉아서 공부만 하라는 말은 아니다. 그렇게 하라고 권할 생각도 없다. 다만 무엇이든 좋으니 무엇인가를 하고 있다는 그 사실이 중요하다는 것이다. 겨우 20분, 30분이라고 해서 가볍게 생각하고 아무것도 하지 않으면 1년 후, 10년 후에는 크게 후회를 할 것이다.

이를테면, 하루 중에서도 공부시간과 일하는 시간, 휴식을 취하는 시간 사이사이에 잠깐의 빈 시간이 몇 번쯤은 있을 것이다. 그럴 때, 우두커니 앉아서 하품이나 하고 있어서는 안된다. 무슨 책이든 좋으니 가까이에 있는 책을 집어 읽는 것이 좋다. 비록 만화책과 같은 하찮은 책이라도 좋다. 아무것도 읽지 않는 것보다는 몇 배는 더 나을 것이다.

내가 아는 사람 가운데 시간을 매우 효과적으로 사용하여 짧은 시간이라도 헛되게 보내지 않는 사람이 있다. 이 친구는 화장실에 들어가 있는 얼마 안 되는 시간까지 알차게 이용해 한 달만에 고대 로마의 역사이야기를 조금씩 읽어서 끝내는 독파했다고 한다. 하루에 몇 페이지씩 매일 매일 꾸준히 읽어 나간 것이다. 이런 방법으로 인문, 교양, 실용서 등을 닥치는 대로 독파해 나간다고 한다.

확실히 이러한 방법은 시간을 절약하는 방법에 있어서는 상당히 효과적이라고 할 수 있다. 누구든 한 번 시도해 봐도 좋을 것 같다. 달리 할 것도 없이 우두커니 앉아 있기보다는 훨씬 유익한 것이다. 그리고 그렇게 하면 책의 내용이 오랫동안 머리 속에 남아 있어 꽤 좋은 방법이 될 것이다.

물론 어떤 책이라도 좋은 것은 아니다. 계속해서 읽어야 할 이해하기 힘든 전문 과학 서적이나 내용이 어려운 책은 적합하지 않을 수도 있다. 그러나 그러한 책이 아니더라도 충분히 의미가 통하고, 동시에 유익한 책도 많이 있다. 그런 책을 골라 읽으면 될 것이다.

짧은 시간이라도 이와 같이 유용하게 이용하면 나중에 많은 것을 해냈음을 깨닫게 된다. 이와 반대로 짧은 시간이라고 해서 아무것도 하지 않고 있으면 나중에 만회하려고 해도 여간해서는 잘 되지 않는다. 그러니 한순간 한순간을 의미 있게 사용해야 한다. 아무것도 하지 않는 것보다는 즐거웠다고 생각할 수 있는 시간 사용법을 생각하는 것이 바람직하다.

이것은 꼭 공부에만 한정된 이야기는 아니다. 놀이도 때에 따라서는 필요하고 중요하다. 인간은 놀이 문화를 통해서 사회성을 배우고, 좀더 나은 인간으로 성장해간다. 꾸밈과 겉치레를 벗어 던진 인간의 참모습을 가르쳐 주는 것도 바로 놀이 문화를 통해서다. 그러나 그러한 시간에도 게으름을 피워서는 안 된다. 놀이를 할 때는 놀이에 집중해서 최선을 다해야 한다.

비즈니스에는 보통 일반 사람이 생각하고 있는 요술과 같은 힘이나 특수한 재능은 필요로 하지 않는다. 일의 중요도에 따라 처리하기 위한 순서를 정할 수 있는 능력과 근면성과 분별력만 있다면 오히려 자신의 능력만 믿고 주어진 것만 처리하는 인간보다 훨씬 유능하게 일을 처리할 수 있을 것이다.

사회인으로서 첫발을 디딘 순간부터 하루빨리 모든 일 처리를 계획을 세워서 추진하는 습관을 들여야 한다. 중요도에 따라 일의 순서를 정하고, 그 순서에 따라 추진하는 것이야말로 일을 능률적으로 처리하는 중요한 열쇠가 된다. 글을 쓴다거나, 책을 읽는다거나, 시간을 배분하는 것 등 모든 일에 순서를 정해야 한다. 그렇게 하면 얼마나 시간이 절약되는지, 일이 얼마나 효율적으로 진행되는지 모른다.

아무리 뛰어난 인물이라도 순서를 정해 놓지 않고 닥치는 대로 일을 하다보면 놓치게 되는 일이 생기고, 먼저 처리해야 할 일을 뒤로 미루게 되는 경우도 생길 수 있다. 이런 일이 반복되면 결국에는 쉽게 포기를 해버리기 쉽다.

사람은 누구나 게을러지기 쉽다. 이제부터라도 게으른 사람이 되지 않도록 노력해야 한다. 스스로에게 타일러 우선 하루만이라도 일의 방식, 순서를 정하여 일을 하라. 그리고 그것이 성공하면 일주일만, 그리고 차츰 시간을 늘려 한 달, 일 년을 그런 방식으로 처리하면 나중에는 그것이 얼마나 편리하고, 얼마나 좋은 결과를 가져오는지 깨닫게 될 것이다.

02. 놀 때도 최선을 다하라

취미 생활이 없는 2030에게

놀이, 오락은 대부분의 젊은이들이 좋아하는 일이다. 놀이나 오락을 싫어하는 사람은 없으리라 생각되지만 그것에 너무 열중해서 본질을 잊어버리는 경우는 옳지 않다.

화려한 요트에 많은 돛을 달고, 바람을 가득 안고 즐거움을 찾아 나선 것까지는 좋았으나, 문득 정신을 차려보니 방향을 가늠할 나침반도 없거니와 키를 잡는 데 필요한 지식도 없다.

이런 경우를 당한다면 항해를 통한 참다운 즐거움에 도달할 수가 없다. 결국에는 비참한 결과를 당하고 나서야 항구로 되돌아오고 말 것이다.

나는 금욕주의자처럼 즐거움을 혐오하고 싫어하는 사람도 아니고, 종교인처럼 쾌락에 빠져서는 안 된다고 설교하는 사람도 아니다. 오히려 쾌락주의자에 가깝게 마음껏 놀라고 얘기하는 쪽에 속한다. 다만 놀이 문화의 올바른 방향을 제시하고, 그릇된 방향으로 빠지지 않도록 조언하고자 하는 것이다.

당신은 어떠한 놀이에서 즐거움을 찾을 것인가? 마음에 맞는 친구들과 많은 돈을 걸지 않고 단순히 오락으로 즐기는 카드놀이에 흥미가 있는가? 쾌활하고 품위 있는 사람들과 즐거운 마음으로 식탁에 둘러앉아 유익한 이야기를 나누며 술을 한 잔 나누는 것을 좋아하는가? 함께 뛰어다니며 공을 차고 달리는 스포츠에 관심이 있는가? 아니면 상식이 풍부한 사람들과 토론을 즐기는 등 배울 점이 많은 사람들과 친하게 사귀려고 노력을 하고 있는가?

젊은이들은 자칫 내용보다는 순간적이고 자극적인 즐거움을 선택하기 쉽다. 극단적인 경우, 무절제야말로 놀이의 참다운 스타일이라고 착각하는 사람까지 있다.

예를 들면 술자리를 갖는 것은 확실히 심신에 나쁜 영향을 끼치기는 하지만 훌륭한 놀이 문화라고 생각하고 있는 사람들도 많다. 도박 역시 그 해악을 생각하기 전에 재미있는 놀이라고 생각하는 사람들도 많다. 자유분방한 섹스 역시 재미있는 놀이에 불과하다고 생각하는 사람들도 많다. 이러한 것들은 한 가지 예에 불과하다.

많은 사람들이 깊이 생각해 보지도 않고 남들이 오락이라고 부르는 것을 그대로 받아들이고 있는 것이다. 젊은 시절에는 놀이에 열중하는 것은 지극히 당연하다. 재미있게 놀고 있는 모습이 가장 잘 어울리는 시절이라는 것도 맞는 말이다. 그렇지만 젊음 때문에 대상을 잘못 선택한다거나 그릇된 방향으로 돌진할 경우도 많은 위험한 시절이기도 하다.

나도 한때는 다른 사람과 마찬가지로 술을 좋아해서 내 주량보다도 과하게 마시고 취해서 좋지 않은 모습을 보였던 때도 있었다. 또한 도박에도 열중해 많은 시간을 허비한 적도 있어다. 술과 도박에서 참다운 즐거움을 발견하지는 못했지만 어쨌든 인생에서 중요한 시기에 많은 것을 잃어버린 때도 있었던 것이다. 또한 비록 오랜 기간은 아니었지만 겉치레를 위해 옳지 않은 길로 빠졌다는 것에 대해 후회를 한 적이 있었다. 얼마나 어리석은 행동이었는지 나이가 들어서야 알게 되었고, 그 후로는 그런 일에 빠지지 않았다.

일종의 유행병처럼 겉모양만 보고 그런 놀이에 빠진다면 참다운 즐거움을 빼앗기는 결과를 초래한다. 재산을 탕진하게 되고, 건강까지 해치게 됨으로써 참다운 인생을 살아가기 힘들어 지는 경우가 발생할 수도 있는 것이다.

내가 이야기 하고자 하는 것은 자신 스스로 즐거움을 선택하되, 놀이에 지배되지 말고, 언제든지 자신이 필요로 할 때 그만둘 줄 알아야 한다는 것이다. 당신이 현재 하고 있는 놀이를 다시 한 번 잘 판단하여 계속 해야 할 것인지, 그만두어야 할 것인지를 스스로 판단해 보기 바란다. 그 모든 것은 이제부터 당신의 책임이다. 당신의 인생은 다른 사람이 대신 하는 것이 아니고 바로 당신의 몫이기 때문이다.

내가 만일 당신과 같은 나이로 돌아가 지금까지의 경험을 바탕으로 새로운 인생을 살 수 있다면 우선 순간적이고 자극적인 즐거움을 찾기보다는 정말로 즐거운 것만을 찾아서 즐기고 싶다.

친구와 식사를 하거나, 포도주를 마시는 일은 즐거운 일이다. 하지만 과식을 한다거나 과음을 해서 괴로움을 당할 정도라면 그것을 즐거움이라고 하지는 않을 것이다. 다른 사람에게 보여지기 위해서 살아갈 필요는 없다. 타인은 타인대로 자기 좋을 대로 하라고 하면 된다. 그러나 자신의 건강에 대해서는 반드시 절제해야 할 필요가 있다.

도박을 한다면 고통받기 위해서가 아니라 즐기기 위해서 하자. 아주 적은 돈을 걸고 여러 종류의 친구들과 즐기는 것이다. 그렇게해서 환경에 순응하는 것도 중요한 일이다. 다만 돈을 거는 것만큼은 신중해야 한다. 이기든, 지든 생활에 지장이 없을 정도로, 약간의 생활비를 절약하면 해결할 수 있을 정도의 범위에서 말이다. 물론 도박에서 이성을 잃고 싸움을 벌이는 어리석은 일은 절대로 하지 말아야 한다.

독서에도 많은 시간을 투자하라. 책에서 배울 수 있는 것은 무궁무진하다. 그리고 사람들과의 만남을 자주 갖는 것도 좋다. 여러 부류의 사람들과 어울리다 보면 자신이 경험하지 못했던 것을 간접적으로 경험할 수 있다. 남녀노소를 가리지 않고 진실을 가지고 사귄다면 그 사람들에게서 한 가지 이상은 배울 점을 발견할 수 있을 것이다.

참다운 놀이를 알고 있는 사람은 품위를 잃는 일은 없다.

적어도 악덕을 본보기로 삼거나 악덕을 흉내내는 일은 없을 것이다. 만일 부덕한 행위를 하지 않으면 안될 때라도 대상을 선택하고 남이 모르도록 은밀히 해야 한다. 일부러 악한 척해 보일 필요는 없는 것이다.

03. 기쁜 마음으로 일 할 때 성공이 가깝다
일과 놀이를 구분 못하는 2030에게

논다는 것은 좋은 일이다. 여유가 된다면 자신의 놀이를 찾아내어 마음껏 즐길 일이다. 그렇지만 남의 흉내를 내어서는 안 된다. 즉 다른 사람이 노는 대로 따라서 놀기만 하면 자기 자신의 발전을 기대할 수는 없다. 자기 스스로 깨달아야 한다. 무엇이 정말로 즐거운 것인가를 스스로 묻고 즐겁다고 생각되는 것을 한다면 그것은 바람직하다.

흔히 아무 것이나 손을 대는 사람이 있는데 그러한 사람은 아무런 기쁨도 맛보지 못한다. 그런 의미에서 고대 아테네의 장군 알키비아데스[3]는 현명했다고 생각한다. 확실히 그는 창피를 모르고 온갖 방탕한 짓은 다했지만, 철학이나 업무에는 빈틈없이 시간을 할애하고 있었다.

줄리어스 시저도 일과 놀이에 균등하게 마음을 썼기 때문에 상승효과를 낳을 수 있었다고 생각되는 사람이다. 실제로 수많은 여성들의 간

---

3) Alkibiades BC 450~ BC 404 고대 그리스 아테네의 정치가, 군인

통 상대자라고 일컬어졌던 시저였지만, 훌륭하게도 학자로서의 지위를 구축하고 연사로서도 최고였다.

그리고 지도자로서의 실력에 이르러서는 로마 최고의 자리까지 차지하지 않았던가?

놀기만 하는 인생은 바람직하지 않을 뿐만 아니라 아무런 재미도 없다. 매일 열심히 일에 매달렸기 때문에 놀이를 정말로 즐길 수 있는 자격을 받게 되는 것이다. 뚱뚱한 몸의 대식가나 창백한 얼굴의 술주정뱅이나 혈색이 나쁜 호색가는 자기가 하고 있는 행위를 진심으로 즐기고 있는 것이 아니다. 이러한 사람은 거짓된 신(神)에게 자기의 정신과 육체를 바치고 있는 것과 마찬가지다.

지적인 수준이 낮은 생활을 하고 있는 사람은 쾌락만을 추구하고 품위가 없는 놀이에 열중하기 쉽다. 한편 지식 수준이 높은 생활을 하는 사람들은 세련되고 위험이 적은, 그리고 품위를 잃는 일이 없는 놀이에서 즐거움을 찾고 있는 것이다. 양식이 있는 훌륭한 인간은 놀이가 목적이 되어서는 안 된다는 것을 알고 있고, 또한 놀이를 목적으로 삼지 않는 법이다. 그들은 알고 있다. 놀이는 단순히 편안히 쉬는 것이고 위안이며, 보상에 불과하다는 것을 말이다.

일과 노는 것에 관해서 말을 하고 있는데, 이것은 반드시 시간을 구분해 두는 것이 현명하다. 공부나 일, 지식인과 현명한 사람과의 대화를 하는 것은 오전 시간에 하는 것이 좋다.

오후 늦은 시간이나 저녁시간에는 느긋한 휴식이 필요한 시간이다. 웬만큼 긴급한 일이 아니라면 그 시간은 자신이 좋아하는 일을 하면서 즐기는 시간이다. 마음 맞는 동료와 카드를 하는 것도 좋고, 가볍게 이야기하며 시간을 보내는 것도 좋다.

연극이나 영화를 감상해도 좋고, 음악회에 가는 것도 좋다.

건강을 위해 운동을 하는 것도 좋고, 친구와 가볍게 식사하면서 세상 살아가는 이야기를 해도 좋다. 이러한 것은 틀림없이 기분 좋은 일들이다. 또한 상대가 당신의 품위를 떨어뜨리고, 나아가서 당신의 인생에서 해가 되는 여성이 아닌 매력적인 여성과 데이트하는 것도 좋다.

지금까지 말한 것은 정말로 분별 있는 사람, 참다운 놀이를 알고 있는 사람이 즐기는 방법들이다. 이와 같이 오전에는 공부 또는 일을 하고, 저녁시간 이후에는 놀이로 시간을 구분하고, 놀이 방법도 자신이 판단해서 인생에 도움이 되는 것을 선택한다면 훌륭한 사회인으로 성장할 것이라고 믿는다. 나도 젊은 시절에는 열심히 놀았고, 많은 사람들과 교제를 나누었다. 때로는 지나칠 정도로 많은 시간을 그런 것들에 할애하기도 하였다. 하지만 어떻게 하든지 공부하는 습관만은 버리지 않았고, 그에 대한 시간을 보장받을 수 있도록 늘 신경을 썼다. 공부하는 시간이 부족하면 수면 시간을 줄여서까지 시간을 만들곤 하였다. 전날 밤 아무리 늦게 잠자리에 들었어도 다음날 아침에는 일찍 일어나도록 습관을 들였던 것이다.

이 습관을 철저하게 지켰고, 병이 들어 어쩔 수 없을 경우를 제외하고는 40년 이상을 계속 하였다.

이것은 내가 노는 것에 대해서 절대로 안 된다고 하는 완고한 사람은 아니라는 것이다. 또한 나와 똑 같은 생각을 가져야 한다고 말할 생각도 없다. 다만 인생의 선배로서, 진정한 친구의 자격으로 내 생각을 전하고자 한 것이다.

04. 한 가지 일에 '전심전력'을 다하라
집중력이 없는 2030에게

항상 귀에 못이 박힐 정도로 듣는 말 중에서 '무엇인가를 할 때에는 그것이 무엇이든 한 곳에 집중하라'는 말이 있다. 이것은 매우 중요한 말이다. 자신이 현재 하고 있는 일에 최선을 다하고 그밖에 다른 것을 생각해서는 안 된다는 말이다.

비단 이것은 공부에만 한정된 이야기는 아니다. 노는 것에 있어서도 역시 마찬가지다. 놀이도 공부와 마찬가지로 열심히 해야 한다. 어느 쪽도 열심히 하지 못하는 사람은 양쪽 모두에게 발전을 기대할 수 없고, 어느 쪽에서도 만족감을 얻을 수 없을 것이다.

그때 그때의 대상물에 마음을 집중할 수 없는 사람 또는 집중하려고 하지 않는 사람이나, 그 이외의 일을 머리에서 털어내지 못하는 사람 또는 털어 내지 않는 사람은 일을 제대로 처리할 수 없을뿐더러 어떤 일에도 또한 놀이에도 열중하지 못할 것이다.

파티나 회식하는 즐거운 장소에서 머리 속으로 어려운 수학 문제를 풀려고 애쓰고 있다고 상상해 보자. 그러한 사람은 함께 있어도 전혀 즐겁지가 않을 것이고, 또한 그 자리에 모인 사람들 가운데서도 유난히 초라하게 보일 것이다. 또는 서재에서 어떤 문제를 풀려고 정신을 쏟고 있는데 자꾸만 영화나 연극 장면이 머리에 떠올라 혼란스러워 하는 사람을 상상해 보는 것도 마찬가지 결과를 보여줄 것이다. 그런 사람은 결코 훌륭한 학자가 될 수 없을 것이다.

한 번에 한 가지씩 일을 처리한다면 하루 동안이라도 많은 일을 할 수 있을 것이다. 그렇지만 한 번에 두 가지 일을 한꺼번에 처리하려고 한다면 한 달, 일 년이 가도 그 문제를 해결하기 힘들 것이다.

세상에는 하루종일 분주하게 움직였는데도 잠자리에 들기 전에 생각해 보면 번듯하게 된 일은 하나도 없다고 말하는 사람들이 많다. 이런 사람들은 2,3시간 독서를 하더라도 눈으로는 활자를 쳐다보고 있으면서도 정신은 다른 것을 생각하고 있는 경우가 많다. 그러므로 나중에 무엇을 읽었는지 생각해도 아무런 기억이 나지 않고, 그 내용에 대해 설명할 수 없는 것이다.

사람과 만나서 이야기를 하고 있을 때도 마찬가지다. 자기 스스로 적극적으로 대화에 참여하려고 하지 않는다. 당연히 다른 사람이 이야기를 하는 동안에도 다른 것을 생각하기에 상대방에 대한 정확한 관찰과 판단을 할 수 없고, 이야기 내용을 정확히 이해하지도 못한다. 그런 사람들은 그 자리에서 관계없는 다른 일이나 생각을 하고 있는 것이다.

그리고 그런 사람은 자신에게 무엇을 이야기하라고 하면 "아니, 잠깐 정신을 놓고 있다가 그만……." 이라든가 "다른 일에 정신이 팔려서……." 따위의 변명을 늘어놓기 일쑤다.

이런 사람은 영화나 연극을 보러가도 그 내용보다는 함께 간 사람들의 행동이나 극장 시설에 정신 팔고 있는 것과 같다.

당신은 위와 같은 행동을 하지 않도록 늘 조심해야 한다.

사람과 만나고 있을 때도 공부할 때와 마찬가지로 집중해야 한다. 공부할 때는 읽고 있는 책에 주의를 집중하고, 그 내용을 깊이 생각해야 한다. 사람과 만나고 있을 때는 보는 것, 듣는 것 모두에 주의를 기울여야 한다는 것을 항상 명심해야 한다.

어리석은 사람들이 흔히 말하듯 자기 눈앞에서 일어난 일, 상대방이 말한 내용을 "다른 생각을 하다가, 잘 알아듣지 못해서……." 따위로 변명을 해서는 안 된다.

왜 다른 생각을 하고 있는가? 다른 생각을 하려면 왜 그런 자리에 참석하였는가? 굳이 참석할 필요가 없지 않은가? 결국 이런 사람들은 '다른 것'을 생각하고 있었던 게 아니다. 머리가 텅 비어 있었을 따름이다.

이런 사람은 놀이에도 집중할 수 없으며 일에도 집중하지 못한다. 정신이 산만해 일을 할 수 없다면 놀기라도 해야 될텐데 그렇게도 하지 못한다. 이러한 사람들은 놀이 친구와 함께 있으면 자기도 놀고 있다고 착각하고, 주변 사람들이 일을 하고 있으면 자기 자신도 일을 하고 있다고 착각하고 있는 것이다. 무슨 일이든 어차피 해야 될 일이라면 열심히 하지 않으면 안 된다. 하는 둥 마는 둥 어중간하게 하려면 차라리 하지 않는 편이 훨씬 낫다.

중요한 것은 자기 자신이 하고 있는 일에 집중하는 것이다. 모든 일은 해야 할 가치가 있는가 없는가 두 가지 중 한 가지다. 중간이란 없다. 일단 '하겠다'라고 결심했으면 대상이 무엇이건 눈과 귀를 똑바로 집중시켜야 한다. 들은 말은 한마디도 놓치지 않겠다는 마음가짐과 눈앞에서 일어난 일은 하나도 빼놓지 말고 철저하게 보겠다는 의지가 중요하다.

05. 나태는 죄악이다
근면 성실하지 않은 2030에게

근면은 우리가 인간으로서 삶을 영위하기 위하여 사회적으로 마땅히 갖고 있어야 하는 여러 가지 의무 중에 하나라고 말할 수 있다. 여기에서는 근면을 다른 여러 가지 의무를 이해할 때 유익한 미덕이라는 관점에서 다루어 보기로 하자.

올바른 생활을 하기 위한 유익한 근원은 미덕이며, 인생을 잘못되게 하는 악덕은 나태다. 나태라 해도 잠을 자고 있을 때 외에는 완전히 나태해 있는 것은 아니다. 잠을 자고 있는 상태에서도 전혀 아무것도 하지 않고 있다는 것은 아니다.

우리들은 항상 바쁘게 활동하고 있다. 손발을 움직이지 않고 있을 때도 두뇌는 쉬지 않고 활동한다. 공부나 혹은 유익한 생각 때문에 활동하고 있지는 않다고 해도 몽상이나 공상 때문에 바쁘게 활동하고 있다. 양지나 그늘에 엎드려 있는 거지라도 사람들과 지껄이기도 하고 무엇인가를 생각하고 꿈을 꾸고 있는 것이다.

근면이란 어떤 목적을 달성하기 위해 꾸준하게 열심히 행동하는 것을 말한다. 좀더 명확히 말한다면 자기 자신, 혹은 남을 위해 유익한 것을 목적으로 행동하는 것을 말한다. 즉, 자기 자신 혹은 남의 행복을 더욱더 증대시켜 주기 위해 싫증을 내거나 게으름을 피우지 않고 행동하는 것을 말하는 것이다.

게으름을 피우지 않고 꾸준히 일을 하는 것을 우리는 괴로운 것이라고 생각하기 쉽다.

꾸준한 근면성은 자제심을 갖는 면에서도 도움이 된다. 자제심은 인간 생활의 기본으로서 중요한 것이다. 또한 근면성은 여러 가지 면에서도 도움이 되고 있는 것이다.

근면하면 규칙에 맞는 바른생활을 하게 된다는 의미에서 자제심을 보조하고 있다. 그 올바른 규칙이 심신의 양면에 어느 정도의 올바른 규율을 부여하게 되는 것이다. 훈련되어 있지 않은 군중을 지휘하기보다 훈련된 군대를 지휘하는 것이 훨씬 편하다. 그와 마찬가지로 심신도 올바른 훈련을 받고 있는 것이 훨씬 컨트롤하기 쉽다.

예를 들면 배는 최소한 시속 1,2노트의 속력으로 진행하지 않으면 키가 듣지 않는다. 배는 키의 움직임에 따라서 조종되기 때문에 키를 제대로 운용하지 못하면 배는 바람이나 해류의 힘에 의해 표류하게 된다. 목적지를 향해 진행하지 않고 파도에 떠돌고만 있는 상태의 배는 배로서의 가치를 잃은 것이다.

나태한 인간은 이 파도에 표류하는 키가 듣지 않는 배와 마찬가지다. 활발하지는 않아도 머리는 활동하고있지만 그런 상태에서는 일시적 기분이나 조그만 충동에 의해서 표류되고 만다. 그로 인하여 자제심을 조종하기가 곤란해지고 마는 것이다.

따라서 나태한 인간은 유혹의 먹이가 되기 쉬운 상태에 있다고 말할 수 있다. 그밖에 어떤 흥미 있는 것에 대해 바쁘게 생각하고 있을 때는 유혹에서 생각을 돌릴 수 있다. 유혹이 마음 속으로 들어왔다고 해도 일정한 속도를 가지고 목적지를 향해 진행하는 배와 같이 그러한 것에는 방해받지 않고 스스로의 나아갈 방향을 유지할 수가 있는 것이다.

그런데 나태한 정신 상태에 있을 때에는 조그만 사건에도 동요되기 쉽다. 이와 같이 나태는 정직하고 순결하며 성실한 생활과는 분명하게 구별을 짓고 있는 것이다.

이렇게 말하면 의아하게 생각할지 모르겠지만, 근면하다는 것은 만족을 얻기 위한 가장 중요한 조건의 하나다. 사실 나태한 자는 최악의 인간일 뿐만 아니라 가장 불행한 사람이다. 실생활 면에서 바른 규칙으로 돌파구를 찾지 않는다면 처치 곤란한 에너지와 욕구 불만을 일으킨다. 머리 속도 항상 바쁘게 활동시키지 않으면 모든 면에서 불만이나 불평을 갖기 쉽다. 그리고 비현실적인 것을 공상하며 그것을 현실과 비교하여 스스로가 불행하게 되어 가는 것이다.

근면한 행동이야말로 바로 행복의 최대 근원의 하나인 것이다. 근면하면 최소한도 우리들의 에너지의 일부는 규칙적으로 사용할 수가 있다. 휴식이 아무리 상쾌하다고는 하나 게으름만 피우고 있는 상태는 오히려 훗날의 고통이 되는 것이다.

여가 시간에 무엇인가 할 일을 발견할 수 있는 사람은 정말 행복한 사람이다. 그런데 대부분의 사람은 그러한 여가 시간이 주어졌을 때 무엇을 해야 좋을지 모른다. 인간은 일을 하고 있을 때가 좋은 것이다. 여가를 활용한다는 것은 재산을 활용한다는 것 이상으로 재능을 요하는 것이다. 젊었을 때부터 공부든, 자선 활동이든, 무엇이든 간에 자기가 흥미를 가질 수 있는 것을 발견해 두는 것이 중요한 것이다. 그렇게 되면 노후에도 여유가 생겼을 때 주체하지 못하는 일은 없을 것이다.

사회적으로 유용한 사람이 되기 위해서는 근면이 불가결한 조건이다. 따라서 누구나 스스로 유용한 인간이 되려고 노력하지 않으면 안 되는 것이다. 그래서 일을 할 필요가 있다는 것은 불만의 씨앗이기는커녕 오히려 기뻐해야 할 일인 것이다. 그리고 근면의 습관은 미덕과 행복이 유능하게 되기 위한 중요한 요인인 것이다.

　　그리고 근면하게 일을 할 의무는 모든 계급, 모든 사회 속에 존재하는 인간에게 공통적으로 적용된다. 가난하든, 부유하든 간에 누구에게나 주어진 일이 있다. 설사 부유한 가정에서 태어나 훌륭한 교육을 받고 막대한 재산을 상속받았다 해도 사회 전체의 행복을 위해 일을 하지 않으면 안 될 의무가 있다는 것을 잊어서는 안 된다.

　　자신을 인간답게 살아 갈 수 있도록 해주고 있는 사회에 대해서 보답도 않고, 더구나 의식을 타인의 노동에 의지한다거나 보살핌을 받거나 하면 만족감을 얻을 수 없다. 성실하고 결벽한 사람이라면, 함께 실컷 먹고 마신 후 계산도 하지 않고 나가 버리는 사람의 행동에는 반발을 금치 못할 것이다. 태만해서 쓸모가 없다는 것은 명예도 아니거니와 특권도 아니다.

　　마음이 좁은 사람은 낭비만으로 만족하겠지만, 남들과 같은 재능이 있고, 마음속에 발전하고자 하는 의욕과 욕심을 가지고 있으면 착실한 목적을 가진 사람이라면, 도태만이 진정한 명예나 존엄과는 결코 맞지 않는다는 것을 알고 있을 것이다.

06. 한 푼으로 '인생의 지혜'를 얻는 법
낭비가 심한 2030에게

이제 서서히 사회인으로서 자리를 잡아가고 있는 당신에게 돈을 올바르게 사용하는 방법에 대해서 이야기 해줄 때가 되었다고 생각된다. 이제부터는 당신 스스로의 책임을 가지고 돈을 사용하는 것에 대한 계획을 세우고 그에 따라 실행하고 결산까지 해야 할 것이다.

아낌없이 돈을 써도 아깝지 않은 것들이 있다. 예를 들면 공부에 필요한 비용, 좋은 사람과 교제하는 데 필요한 비용 등이다. 공부에 필요한 비용이란 책을 사거나, 훌륭한 선생님께 가르침을 받기 위해 필요한 비용을 말한다. 그리고 좋은 사람과 교제하는 데 필요한 비용이란 가령 교통비, 의류비, 식사비 등을 포함해서 사회 생활을 해나가기 위해 쓰는 대부분의 비용을 말한다. 불쌍한 사람을 돕기 위한 자선비용이나, 신세를 진 사람에 대한 사례비용, 앞으로 도움을 받을 수 있는 분들에게 줄 선물을 사는 비용도 마찬가지다.

하지만 절대로 허용할 수 없는 것은 유치한 싸움을 하거나, 말썽을 일으켜 필요한 비용이나, 나태하게 시간을 보내기 위해 사용되는 비용이다 현명한 사람은 돈도 시간도 모두 알뜰하게 사용한다. 단돈 얼마라도 헛되게 쓰지 않는다. 자신이나 사람들을 위해서 도움이 되는 것, 지적인 기쁨을 얻을 수 있는 것에 사용한다.

그러나 어리석은 자는 그렇지 않다. 어리석은 자는 필요하지 않은 것에 돈을 쓰고, 꼭 필요한 것에는 쓰지 않는다. 예를 들면 비싸고 화려한 시계나 단순히 치장에 필요한 액세서리 같은 것에 돈을 쓰는 것을 말한다. 이는 생활에 도움을 주는 용품이기보다는 일시적인 기분에 의해 구입하고, 또한 오락실에서 시간을 보내기 위해, 좋은 사람과의 교제가 아닌 단지 술을 마시기 위해 사용하는 비용도 마찬가지다. 이러한 행동은 일시적인 기분은 충족시켜줄 수 있겠지만 다음날에는 자신의 정신적, 육체적 건강에는 전혀 도움이 되지 않는 필요 없는 행동들이다. 정말로 필요한 것, 자신에게 도움을 줄 수 있는 것을 선택할 수 있는 능력이 부족한 것이다.

돈을 아무리 많이 가지고 있어도 금전 철학도 없고, 계획성 없이 사용한다면 정작 필요한 물건보다는 자신에게 필요하지 않은 물건을 사는 경우가 더 많다. 그와는 반대로, 설령 아주 적은 돈밖에 없더라도 자기 나름대로 금전 철학을 가지고 계획된 바에 따라 사용한다면 자신에게 필요한 최소한의 물건은 살수가 있다.

이번에는 돈의 지불 방법에 대해서 이야기하겠다. 돈을 지불할 경우에는 가능한 한 현금으로 지불하는 것이 좋다. 그것도 다른 사람에게 맡기지 말고, 본인이 직접 지불하는 것이 좋다. 그리고 부득이 외상으로 물건을 사야할 경우에도 자신 스스로 그 돈을 갚아야 할 날짜를 챙기고, 확인하여 손수 지불하는 것이 좋다. 이것은 진정한 돈의 가치를 배울 수 있으며 쓸데없는 낭비를 줄일 수 있는 장점도 있는 것이다.

물건을 살 때는 필요하지도 않은데 값이 싸다는 이유만으로 구입하는 일이 없도록 해야 한다. 그것은 절약이 아니다. 오히려 쓸데 없는 낭비만 될 뿐이다. 또한 필요하지도 않은데 비싸다는 이유만으로, 즉 자신의 자존심이나 허영심을 만족시키기 위하여 물건을 사는 것은 더욱 좋지 않은 버릇이다.

자기가 산 것, 지불한 대금은 노트에 기록하는 것이 좋다.

돈의 입출금내역을 제대로 파악해 두면 잘못되는 일은 결코 없을 것이다. 그렇다고 해서 구두쇠가 되라는 것은 아니며, 몇 푼의 교통비와 오락비까지 기입하기 위하여 별도의 시간을 투자하라는 것도 아니다. 가입해야 하는 가치가 있는 것만 기입하라는 뜻이다. 이것은 돈의 사용에 관한 것만 해동하는 내용이 아니다. 즉 모든 일에 관해서 관심을 가질 만한 가치가 있는 것에만 관심을 가지고 그렇지 않은 쓸데없는 것에는 관심을 가질 필요가 없다는 것이다.

일반적으로 현명한 사람은 사물을 실물 크기 그대로 파악할 수가 있는 법이다. 그러나 어리석은 자는 그렇지 못하다. 마치 현미경으로 들여다보듯 무엇이든 크게만 보인다. 그래서 아주 작은 것도 확대해서 판단하기도 하고, 그것을 주위 사람들에게 말하고 다니는 것이다. 최악의 경우에는 큰 것을 더욱 크게 확대하여 그 실체를 보지 못하는 경우까지 있다.

몇 푼 안 되는 돈을 인색하게 아끼고 그것 때문에 싸움까지 벌이는 사람이 가장 좋은 예다. 그들은 자신들이 구두쇠라고 불려지는 것조차도 모른다. 이러한 사람은 자기 자신에 대해서도 좋지 않은 사고방식을 가지고 있다. 땀흘려 노동한 이상의 수입을 대가를 바라고, 자신의 분수에 맞지 않는 생활을 하기에 더욱 '소중한 것'을 잃어버리기 때문이다.

어떠한 일이건 '자신의 분수'에 맞는 것이 있다. 하지만 그러한 분수에 자신을 맞춰 생활하기는 쉽지 않다. 건전하고 견실한 정신을 가진 사람은 자신의 손이 닿는 범위가 어느 곳까지 해당되고, 어느 선부터가 손이 닿지 않는 범위인지 알고 있다.

그런데 그 경계선은 현명한 사람이라도 구분하기가 쉽지 않다. 자신의 손이 닿는 범위와 닿지 않는 범위를 알기 위해서는 끊임없이 이에 대한 분별력을 키워주어야 한다. 그 경계선은 늘 주의를 기울여 살펴보아야 하고, 그 선을 넘어가지 않도록 항상 자신을 갈고 닦아야 한다. 혼자서 힘들다고 느껴지면 선생님이나 주위 어른들에게 도움을 받는 것도 좋다. 당신보다 오랜 경험을 쌓은 사람들은 많은 도움을 줄 수 있을 것이다.

당신 자신을 더욱 채찍질하여 스스로 삶의 지혜를 배워나가는 동시에, 자신의 분수를 알고 모범적인 생활을 살아온 분들의 삶을 본받아 계획적인 생활을 이어나가기를 바란다.

제 4장

사무엘 스마일즈의
끊임없이 배우려는 노력이 중요하다

책을 많이 읽어라. 그리고 밖으로 나가 보라.
몸으로 부딪쳐 얻는 지혜는 천금보다 더 귀중하다.

미래를 신뢰하지 말라!
과거는 땅 속에 묻어 버려라!
다만 현재에 살고 현재에서 행동하라!
롱펠로우

01. '역사'를 알면 미래가 보인다
마음이 가난한 2030에게

책을 읽을 때는 단순히 내용 파악에 그치지 말고, 그 내용에 관하여 깊이 생각하는 습관을 갖는 것이 중요하다. 책을 읽더라도 자기 스스로 이해하지 못한 내용은 책에 있는 그대로 머리 속에 단순히 주입시키는 사람이 많다.

그래서는 자신에게 필요한 정보가 아닌 다른 정보가 쌓여, 머리 속은 복잡한 창고처럼 어수선한 상태가 될 것이다. 즉 필요한 것을 필요한 때에 즉시 꺼내 쓸 수가 없는 상황이 되는 것이다.

따라서 단순히 책을 읽는 것이 아니라 생각하면서 완전히 이해하도록 해야 한다. 저자의 명성만 보고 내용을 그대로 받아들이지 말고, 거기에 씌어져 있는 것이 어느 정도나 정확한 것인지, 글을 쓰는 저자의 의도가 무엇인지 자신의 머리로 이해하고 자신의 것으로 만들어야 한다. 특히 지나온 역사를 공부할 때는 더욱 그러하다.

이렇게 하기 위해서는 하나의 역사적 사실에 대해서 여러 권의 책으로 조사해 보고, 거기에서 얻어진 정보를 종합하여 자기의 의견을 갖도록 하는 방법을 사용하는 것이 좋다. 그렇게 해야만 역사라는 학문을 조금 더 정확하고 쉽게 이해할 수 있으리라 생각하고 있다.

역사책을 읽고 있노라면 역사적 사건의 동기와 원인이 씌어져 있는데, 그것을 그대로 믿어서는 안 된다. 그 사건에 관련된 인물의 사고 방식이나 이해 관계를 고려해 가면서 저자의 생각이 옳은지 아닌지를 자기 스스로 생각해 보는 것이 중요하다.

그때 비굴한 동기나 사소한 동기라고 해서 잘라 버려서는 안 된다. 왜냐하면 인간이란 복잡하고 모순투성이 동물이기 때문이다. 감정은 시시각각 변하기 쉽고, 의지는 연약하며, 마음은 기분에 따라 좌우된다. 그러니까 사람은 어떤 일관성이 있는 것이 아니라 순간 순간 변하는 것이다. 아무리 훌륭한 사람이라도 보잘것없는 면이 있고, 시시한 사람이라도 훌륭한 면이 있다. 도저히 아무 짝에도 쓸모 없는 인간이라도 어딘가 장점은 있기 마련이고, 엄청나게 훌륭한 일을 해낼 때도 있는 것이다. 그것이 바로 인간이다.

그런데 역사적 사건의 원인을 규명할 때, 우리는 보다 고상한 동기를 찾아보려고 하는 경우가 많다. 그러나 실제의 원인이라는 것은, 가령 루터[4]의 종교 개혁을 실례로 본다면, '루터의 금전욕이 꺾인 것이 원인이었다…….'고 하는 정도일지도 모른다. 그런데도 일부 역사 학자들은 역사적 사건뿐만 아니라 평범한 사건까지도 심각한 정치적 동기로 적용시켜 버린다. 이것은 좀 어처구니없는 일이라고 생각된다.

인간은 모순투성이 존재다. 언제나 인간적으로 고상한 부분에 의해서만 행동이 좌우되는 것은 아니다. 현명한 사람이 어리석은 일을 하는

---

4) Martin Luther(1483 ~ 1546): 독일의 종교개혁가, 신학자

경우도 있고, 어리석은 사람이 현명한 일을 하는 경우도 있다. 모순된 감정을 가지고 그것이 계속 바뀌고 있는 것이 바로 인간이다. 그럼에도 불구하고 가장 그럴 듯해 보이는 동기라고 해서, 설득력이 있는 동기라고 해서 고상한 것을 갖다 붙이는 것은 잘못된 것이라고 생각한다.

소화가 잘 되는 음식을 먹고, 충분한 수면을 취하고, 맑게 개인 아침을 맞이했다는 것만으로 영웅적인 행동을 하는 남자가, 소화가 잘 안되는 음식을 먹고, 충분한 잠을 자지 못하고, 또한 다음날 아침에 비가 내렸다는 이유만으로 아주 간단하게 비겁한 겁쟁이 사내로 변해 버리는 일도 있을 수 있는 것이다.

그렇기 때문에 인간이 취하는 행동의 진정한 이유라는 것은 제3자가 아무리 규명하려고 해도 억측의 영역에서 벗어나기는 어렵다고 생각한다. 기껏해야 이러이러한 사건이 있었다고 하는 것만이 우리들이 알 수 있는 것, 알았다는 기분이 드는 것이다.

시저는 23명의 음모에 의해서 살해되었다. 이것은 의심할 여지가 없다. 그러나 그 23명의 음모자가 과연 진정으로 자유를 사랑하고 로마를 사랑했기 때문에 시저를 살해했느냐 하는 문제가 나오면, 그렇다고 자신 있게 말할 수 없다. 그것만이 이유인가? 적어도 최소한의 주된 원인은 무엇인가?

만일 진상이 해명된다면 사건의 주모자인 브루투스[5]조차도, 이를테면 자존심이나 시기심, 원한, 실망 같은 다른 여러 가지 사적인 동기가 원인이었다거나 또는 그러한 동기가 약간은 원인이 되었다고 말할 수 있는지도 모른다.

---

5) Marcus Junius Brutus(BC 85 ~ BC 42): 공화정 말기 로마의 정치가, 군인, 시저의 암살 주모자.

책을 읽다보면 역사적 사실 그 자체까지도 의심스럽다고 생각될 때가 흔히 있다. 적어도 그 사실과 연관되어 있는 배경에 관해서는 거의 의심스러운 것을 면하기 어렵다. 이는 매일매일 자신이 일상에서 경험하는 것을 생각해 보면 알 것이다. 매일 기록되는 사건 사고에서 그것이 시간이 지남에 따라 어떻게 변모하는 지를 보게 되면 역사라고 하는 것이 얼마나 신빙성이 약한 것인지 금방 알 수 있을 것이다.

예를 들면, 최근에 일어난 사건에 대하여 몇 사람이 증언을 할 때, 그들이 말하는 것은 모두 일치할 것인가? 물론 다르다. 잘못 생각하고 있는 사람도 있을 것이고, 증언할 때 전달하는 감정에 따라 말이 달라지는 사람도 있다. 자기 의견에 맞는 사람도 있을 것이고 마음이 변해서 사실을 왜곡하여 말하는 사람도 있을 것이다.

그리고 기록하는 사람들도 역시 공정하게 받아 적으리라는 보장도 없다. 그러한 의미에서 역사학자도 역시 공정하게 기록하는지 알 수 없는 일이다. 자기 자신의 지론을 전개하고 싶을지도 모를 일이고 빨리 그 장(章)을 끝내고 싶어 적당히 넘어갈지도 모른다. 재미있는 일은 프랑스의 역사책에는 각 장의 첫머리에 '이것은 진실이다'라는 한 마디가 반드시 들어 있다.

그러므로 역사학자의 명성만 보고 무엇이든 옳다고 생각하는 것은 좋지 않다. 자기 스스로 분석하고 스스로 판단해야 한다. 그렇다고 해서 모든 역사책을 그렇게 의심해야 한다는 것은 아니다. 누구나 인정하는 역사적 사실이라는 것은 역시 존재하며, 사람들의 입에도 오르내리고 책에서도 다루어지고 있다. 그러한 것들을 잘 알아두는 것이 좋다.

예를 들어, 시저의 망령이 브루투스 앞에 나타났다고 여기저기에 쓰고 있는 학자들이 있다. 나는 그런 이야기는 전혀 믿지 않는다. 하지만 그러한 말이 화제에 오르고 있다는 사실조차 전혀 모른다는 것은 부끄러운 일이다.

이밖에도 역사 학자가 그렇게 기술했을 뿐 아무도 믿지 않는데도 그것이 당연한 일처럼 화제에 오르내리고 책에도 기록되는 것들도 있다. 그렇게 해서 정착된 것이 이교도(異教徒) 신학이다. 주피터[6], 마르스[7], 아폴로[8]등의 고대 그리스·로마의 신들도 그렇다. 우리들은 그들이 만일 실제로 존재했다고 하더라도 평범한 인간이었다고 생각하고 있다.

아무리 역사에 대해서 회의적이라 하더라도 이와 같이 상식화되어 있는 것은 철저하게 공부할 필요가 있다. 아니, 오히려 역사는 인간이 세상을 살아가는 데 있어 다른 어떤 학과보다도 필요한 것인지도 모르겠다.

다만, 과거에 그렇게 했다고 해서 현재도 그렇다고 단정적으로 말해서는 안 된다. 과거의 예를 들어 현재의 당면 문제를 검토하는 것은 좋지만, 그것은 신중을 기하지 않으면 안 된다. 과거에 일어난 사건의 진상이란 아무리 노력해도 알아낼 도리가 없다. '추측'이 고작일 뿐이다. 무엇이 원인이었는지, 도무지 알 도리가 없는 것이다. 그 이유로는 첫째, 과거의 증언은 현재의 증언과 비교하면 훨씬 불확실한 것이다. 또한 시간이 오래 흘러 그 신빙성도 희박해지는 것은 어쩔 도리가 없다.

위대한 학자들 중에는 공사(公私)를 불문하고 비슷하다는 이유만으로 무턱대고 과거의 사례를 인용해 사용하는 사람이 있다. 그러나 이것은 어리석은 행동이다. 천지창조 이래 이 세상에 똑 같은 사건이란 일어날 수도 없고 일어난 예도 없다. 게다가 어떤 역사가라 하더라도 사건의 전모를 기록한 사람은 없을 것이므로, 그것을 근거로 한 논쟁 따위

6) Jupiter: 고대 로마 신화의 최고의 신. 그리스 신화의 제우스(Zeus)와 동일
7) Mars: 고대 로마 신화의 군신. 그리스 신화의 아레스(Ares)와 동일
8) Apollo: 고대 로마 신화의 신. 제우스의 아들. 그리스 신화의 아폴론(Apollon)과 동일

는 무의미한 헛수고나 다름없다.

그러므로 '옛날의 학자가 기록했으니까, 시인이 썼으니까'라는 이유만으로 함부로 예를 들어 인용해서는 안 된다. 사건은 그 하나 하나가 모두 다른 것이므로 각각 따로따로 논해야 하는 것이다. 비슷하다고 생각되는 예를 참고로 해도 좋지만, 그것은 어디까지나 참고로 삼는 데 그쳐야 하는 것이지 판단하는 근거로 삼아서는 안 된다.

여러 가지 이야기를 했지만, 과거의 역사를 공부하는 것은 정말로 중요하다. 일반 사람들이 알고 있는 것은, 신용할 수 있는 역사학자의 책을 읽고 공부한 것이다. 그것이 옳은 것이든 잘못된 것이든 우선 지식으로서 익혀 두는 것은 중요하다.

그런데 역사의 공부 방법에는 여러 가지가 있다. 시간과 노력을 절약하기 위해 역사적 대사건을 중심으로 공부하고 나머지는 대충 훑어본다는 식의 융통성 있게 공부하는 사람이 있는가 하면, 어느 것에나 똑같이 노력을 쏟고 어느 것이나 똑같이 익힌다는 식의 공부를 하는 사람도 있다.

그렇지만 나는 다른 방법을 권하고 싶다. 우선 나라별로 간단한 역사책을 읽고 개략적인 개요를 파악하도록 한다. 그리고는 그것과 병행해서 특히 중요한 포인트, 이를테면 어디를 정복했다거나 왕이 바뀌었다거나 정치 형태가 바뀌었다는 등 중요하다고 생각되는 것을 뽑아낸다. 마지막으로 뽑아낸 사건에 대하여 자세히 씌어 있는 논문이나 서적을 읽고 철저하게 공부한다. 그때 자기 스스로 깊이 통찰하는 것이 중요하다. 원인을 캐내고 그것이 무엇을 불러일으켰는가를 생각해 보는 것이 중요하다.

그리고 책이 아니더라도 어느 한 국가의 역사에 대해 알고 싶다면 그 나라의 여러 계층 사람들과 이야기를 나누는 것도 도움이 될 것이다.

가령 역사에 관심이 없는 사람이라도 자기 나라의 역사를 모른다고는 하지 않을 것이고, 누구나 조금은 알고 있을 것이다. 비록 역사책을 한 권밖에 읽지 않았지만, 그렇기 때문에 오히려 그 책을 읽은 것을 자랑스럽게 생각하고 기꺼이 이야기해 줄는지 모른다.그렇게 해서 직접 그 나라에서 얻은 지식은, 책에서는 얻을 수 없는 것을 풍부하게 제공해줄 것이 틀림없다.

02. 인생 성공의 결정적 수단은 '독서 습관'

독서 습관이 잘못된 2030에게

세상은 한 권의 책과도 같은 것이다. 지금 내가 이야기하고 싶은 것은 바로 이 책(세상)에 관한 것이다. 이 책에서 얻어지는 지식은 지금까지 출판된 모든 책을 합친 지식보다 훨씬 많은 도움을 준다. 따라서 훌륭한 사람들과의 모임이 있을 때는 아무리 좋은 책을 읽고 있다 하더라도 일단 접어 두고 그 모임에 참석하는 것이 좋다. 그 쪽이 몇 배 더 나은 공부가 될 것이다.

하지만 역시 책을 통하여 배울 수 있는 것도 무궁무진하다. 위에서 이야기한 것처럼 몸소 체험하면서 자신의 경험으로 익히는 것도 중요하지만 틈틈이 책을 통한 공부도 게을리 해서는 안 된다.

그리고 짧은 시간을 이용해 책을 읽으려면 어떻게 해야 충실하게 책을 읽을 수 있는지 그 문제에 대해서 몇 가지 이야기를 하고 싶다.

우선, 배울만한 내용이 없는 책으로 시간을 낭비하는 행동은 하지 않는 것이 좋겠다.

책을 읽을 때는 목적을 하나로 압축하고 그 목적을 달성할 때까지는 다른 책에 손을 대지 말아야 한다.

예를 들어 우선, 웨스트팔리아(Westphalia)[9] 조약에 초점을 맞추었다고 하자. 그렇다면 그것에 관한 책 이외의 것에는 일체 손을 대지말고 신뢰할 수 있는 역사책이나 문서, 회고록, 문헌 등을 차례로 읽고 비교해 보는 것이 좋다.

이런 종류의 연구에 몇 시간씩이나 시간을 낭비하라는 말은 아니다. 좀더 다른 방법으로 자유로운 시간을 효과적으로 사용할 수 있다면 그것도 좋다. 다만 같은 독서를 할 바에는 한꺼번에 몇 가지 테마를 추구하기보다는 하나로 압축해 체계적으로 추구하는 편이 능률적이라고 나는 생각한다.

여러 가지 책을 읽어 나가다 보면 내용이 상반되거나 모순되는 일도 일어날 것이다. 그럴 때는 다른 책과 대조해 보면 좋다.

가령, 무엇에 대해서 책을 읽었는데도 선뜻 머리에 들어오지 않을 때가 있을 것이다. 하지만 같은 책이라도 우연히 정치가들 사이에서 화제가 된다거나 논쟁의 표적이 될 때, 그 책이나 그것에 관련되는 책을 읽거나 사람들로부터 이야기를 듣거나 하면, 책만으로는 입체적으로 파악할 수 없었던 것이 쉽게 머리 속으로 들어오는 일이 있다. 그렇게 해서 얻은 지식은 의외로 완벽한 것이 된다. 그리고 오래도록 잊어버리지 않을 것이다. 사건이 일어났던 현장으로 직접 찾아가서 이야기를 듣고 오는 것도 그런 의미에서는 좋은 일이다.

사회인이 되고 나서의 책을 읽는 방법에 대해 내가 하고 싶은 말은 다

---

9) Peace of Westfalen 조약: 독일을 무대로 크리스트교와 카톨릭교 사이에 벌어졌던 유럽국가간의 종교전쟁인 30년 전쟁(1614~1648)을 종결시킨 조약

다음 몇 가지 항목으로 요약할 수 있다.

1. 현재 사회로 한 걸음 내디딘 지금, 많은 책을 읽을 필요는 없다. 그보다는 여러 계층의 사람과 얘기를 나눔으로써 정보를 모으는 편이 훨씬 낫다.
2. 무익한 책은 더 이상 읽지 말아라.
3. 하나의 테마로 압축하고 그것에 관련된 책을 읽도록 하라.

위에서 지적한 사항을 잘 지킨다면 하루 30분의 독서로 충분할 것이다.

03. 직접 체득한 지식이 참된 '지식'이다
정보가 부족한 2030에게

젊은 시절에는 많은 것을 보고, 들으며 실제 자신의 체험으로 경험하는 것이 중요하다. 따라서 젊은 시절에는 자신이 살고 있는 곳을 벗어나 여러 지역을 여행하는 것도 좋은 방법이다. 새로운 곳에서 새로운 사람들을 만나고 색다른 문화를 체험하는 것은 자신의 지식을 한층 넓힐 수 있는 좋은 경험이 될 것이다.

그러나 흔히 말하기를 젊은 사람들은 경박하고, 주의가 산만하고, 무슨 일에나 무관심해서 "보더라도 보이지 않고, 듣더라도 들리지 않는다"는 경우가 많다고 한다. 여행을 다니면서 그 겉모습만을 보고 그 지역이나, 그 나라의 역사, 정치, 경제, 사회, 문화 등 내용을 배우려 하지 않는다면 차라리 보거나 듣지 않은 것만도 못한 것이다.

즉 여행을 하면서 목적지에서 다음 목적지까지 옮겨다니는 것에 신경 쓰고, 풍경이나 풍물 구경에만 정신이 팔려 자신 찍는 일에만 신경 쓴다면 얻는 것은 아무 것도 없다고 하겠다. 그런 여행을 다니는 것보다는 차라리 집에서 여행에 관련된 책을 읽는 편이 훨씬 낫다.

반면에, 어디를 가든 그 지방의 정세나 다른 지방과의 역학 관계, 장점, 약점, 무역, 특산물, 정치 형태, 헌법 등을 꼼꼼히 관찰하고 오는 사람이 있다. 그 지방의 훌륭한 사람들과 교류(交遊)를 돈독히 하고, 그 지방의 독특한 예절이라든가 인간성을 터득하고 오는 사람도 있다. 여행을 해서 득이 되는 사람은 바로 이러한 사람들이다. 그리고 이런 사람들은 여행하기 전보다 더욱 현명한 사람이 되어 돌아온다.

예를 든다면 로마는 인간의 감정이 갖가지 모양으로 생생하게 표현되고, 그것이 훌륭하게 예술로 결집해 있는 도시다. 그런 도시는 세상에서 만나보기가 쉽지 않다. 그러나 로마에 체류하는 동안은 바티칸 궁전이나 그밖에 건축물과 미술작품 등의 감상만으로 만족하지 말기를 바란다.

1분간의 관광을 위해 10일 간에 걸쳐 여러 가지 정보를 수집하기 바란다. 로마 제국의 본질, 교황이 지닌 권력의 성쇠, 궁정의 정책, 추기경의 책략, 교황 선거의 뒷이야기 등 절대적인 힘을 자랑했던 로마 제국의 내면적인 것이라면 무엇이든 깊이 파고 들어가 보는 것이 좋다.

어느 지방이나 그 지방의 역사의 현재의 모습에 대하여 간단하게 소개한 소책자가 있다. 그것을 먼저 읽어보는 것이 좋다. 부족한 부분도 있지만 도움은 될 수 있을 것이다. 그것을 읽고 나면 재미있는 여행이 될 것이다.

그렇다. 모르는 점에 대해서는 그것을 잘 알고 있는 사람에게 물어보는 것이 제일 좋은 방법이다. 책이 아무리 완벽하게 씌어 있다 하더라도 그것을 통해 완벽한 정보를 얻기는 어려운 일이다.

영국에도 자기 나라에 대해서 자세하게 설명해 놓은 책이 여러 권 나와 있을 것이고 프랑스에도 그러한 책은 많이 있다. 그러나 어떤 책이든 정보를 얻기에는 다소 부족한 부분이 있을 것이다. 그렇다고 여행을 하면서 그 지역 그 나라를 소개하는 책을 읽지 않고 여행을 한다는 것은 위험한 일이다. 무슨 책이든 좋으니 책 읽는 습관을 기르기 바란다.

04. 유연한 적응력은 훌륭한 자산이다
여행을 좋아하는 2030에게

여행을 하면서 그 지역이나, 그 나라에 대한 공부를 하는 것도 좋지만 그 곳의 여러 사람들과 사귀는 것도 지식을 넓힐 수 있는 좋은 방법이다.

그러나 고작해야 1주일 아니, 철새처럼 잠시 머무는 것만으로는 자기가 즐기는 것은 물론이고 상대방과 친근해지는 것은 바랄 수도 없다. 그곳의 상대 역시 그렇게 짧은 시간에 친구가 되는 것에는 주저함을 느끼게 될 것이다. 서로 아는 것조차 거절하려고 해도 그를 비난할 수는 없다.

그러나 몇 개월 정도 체류하게 되면 이야기는 달라진다. 그 지방의 사람들과 격의 없이 사귈 시간은 충분할 것이고 그런 후에는 자연히 '다른 지역 사람'이라는 선입관은 없어지게 될 것이다. 이것이 여행의 참다운 즐거움이 아닐까 생각된다. 어디를 가든 그곳 사람들과 허물없이 마음을 터놓고 사귀고, 그곳 사회에 끼여들어 그곳 사람들의 참모습을 접하는 것이다. 이것이 바로 그 지방의 관습을 알고, 예절과 접하고, 다른 고장에는 없는 특성을 아는 유일한 방법이라고 나는 생각한다. 이것은 단 30분간의 방문으로는 얻어질 수 없는 것이다.

세계 어느 곳이나 인간이 가지고 있는 마음은 동일하다. 단지 그것을 어떻게 표현하느냐에 따라 달라질 뿐이다. 그것은 지역에 따라, 환경에 따라 다르게 보인다. 우리는 그 갖가지 모습의 사람들과 교제해 나가야 한다.

예를 들면 '야심'이라는 감정이 있는데, 이것은 누구나 가지고 있는 것이다. 그러나 그것을 만족시키는 수단은 교육이나 풍습에 따라 다르다. 예의를 갖추는 마음도 기본적으로는 누구나 가지고 있는 감정이다. 그러나 그 마음을 어떻게 표현하느냐 하는 문제에 이르면 어디나 동일할 수는 없는 것이다.

영국의 국왕에게 절을 하는 것은 경의의 뜻을 표현하는 것이 되지만, 프랑스 대통령에게 절을 하는 것은 실례가 된다. 황제에게는 경의의 뜻을 표하여 고개를 숙여 절을 하는 것이 원칙이다. 전제군주(專制君主) 앞에서는 땅바닥에 엎드려 절을 해야 하는 나라도 있다. 이와 같이 예절은 그 지역에 따라, 시대에 따라, 사람에 따라 다르다.

그리고 아무리 현명한 사람이거나, 뛰어난 분별력을 가진 사람이라도 그 지방 특유의 예의범절을 제시해 보일 수는 없다. 그것을 할 수 있는 사람은, 실제로 그 지방에 가서 자기 눈으로 보고 몸으로 체험한, 그 사회에 대해 잘 알고 있는 사람뿐이다.

예절은 이성이나 분별로는 설명할 수 없는 것, 우연한 계기로 인해 생겨난 것임을 부정할 수 없다. 그렇지만 그것이 거기에 엄연히 존재하고 있는 이상 그것을 따라야 할 것이다. 왕이나 황제에 대한 예의만을 얘기하고 있는 것이 아니다. 모든 계층 속에는 관습과 같은 것이 존재하고 있다. 그러니 그것에 따르는 편이 좋다는 말이다.

건강을 축하하기 위하여 건배를 한다는 것은 거의 어느 지역에서나 볼 수 있는 관습이다. '내가 한 잔의 포도주를 마시는 것과 누군가의 건강과는 도대체 무슨 관계가 있겠느냐?' 상식으로는 생각할 수 없는 일이다. 그러나 내 생각으로는 그러한 관습에 따르는 편이 좋다고 부탁하고 싶다.

양식(良識)은 사람에게 예의를 지켜라. 상대방에게 좋은 생각을 갖게 하라고 명령한다. 그렇지만 때와 장소, 사람에 따라 어떻게 예의를 차리느냐는 실제로 눈으로 보고 몸으로 익히지 않는 한 알 수가 없다. 이 것은 앞에서 설명한 그대로다. 그것을 익히고 돌아오는 것이 올바르게 여행을 하는 자세가 아닐까 생각한다.

분별력이 있는 사람은 어디를 가든 그 지방의 풍습을 익히고 그것에 따르려고 한다. 전 세계 어디를 가든 그렇게 하는 것이 필요하다고 나는 생각한다. 도덕적으로 용납될 수 없는 것이 아닌 어떠한 것이라도 그 지방의 것에 따르는 편이 좋다.

그때 가장 도움이 되는 것은 적응력이다. 순간적으로 그 장소에 알맞은 태도를 결정할 수 있는 능력이다. 진지한 사람에게는 진지한 얼굴로 대할 수 있고, 명랑한 사람에게는 밝게 대하고, 보잘것없는 사람에게는 적당히 상대를 한다. 이러한 능력을 몸에 익히도록 힘껏 노력해야 한다.

여러 지방을 방문하고 그 지방의 존경받는 사람들과 친교를 맺음으로써 당신은 그 지방의 인물로 변신할 것이다. 그렇게 되면 그때는 이미 당신은 당신의 나라 국민이 아니다. 영국인도 아니다. 프랑스 인도 아니다. 이탈리아인도 아니다. 당신이 머물고 있는 그 나라 사람이 되는 것이다. 여러 지역의 좋은 풍습을 겸허하게 받아들여서 파리에서는 프랑스 인, 로마에서는 이탈리아 인, 그리고 런던에서는 영국인이 되도록 해야 한다.

여러 가지 이야기를 했지만, 해외로 나간다는 것은 어디를 가든 관광만으로 만족하지 말고 그 고장의 깊숙한 곳까지 꼼꼼히 보고 배우기를 바라는 것이다. 또한 현지 사람들과 친밀한 교제를 나누어 관습, 예절 등을 배우기를 바란다. 더 노력할 수 있다면 현지의 말을 배우기 바란다. 그렇게만 되어 진다면 당신은 성공의 문을 열고 나갈 준비가 되어 있는 것이다.

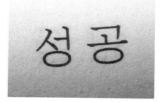

05. 실무능력은 성공의 밑거름이다
첫걸음부터 성공을 꿈꾸는 2030에게

어떠한 사회 조직에서든지 실무 능력을 갖추지 않고 성공한 사람은 없다. 실무능력에 대하여 이야기하기 전에 다음과 같은 간단한 예를 들어보고 생각해보자.

"비즈니스맨이란 장사나 직업에 복잡하게 얽매어진 사람을 일컫는다. 그들은 한눈도 팔지 않고 만사를 단지 정해진 대로 운영만 하고 있으면 그것으로 되는 것이다. 비즈니스를 솜씨 있게 처리하여 성공으로 이끌어가려면 상상력이나 아이디어 같은 것은 필요 없다. 제일 필요한 것은 평범한 생각과 가장 좁은 의미에서의 손익계산서 뿐이다."

이와 같은 정의만큼 단면적으로 잘못된 것은 없을 것이다. 도량이 좁은 비즈니스맨은 확실히 있다. 그러나 그는 과학자나 문학가, 법률가에게도 도량이 좁은 사람이 있는 것과 마찬가지다. 그리고 한편에서는 포용력이 풍부하고 활동 범위가 큰 비즈니스맨도 많다. 즉, 행상인의 범위를 벗어나지 못한 정치가도 있는가 하면 훌륭한 정치가의 정신을 가지고 활동하는 상인도 있는 것이다.

예부터 위인이라 일컫는 사람은 고귀한 목표를 추구하면서도 생계를 꾸려 나가기 위해 정직하고 유익한 일을 하는 것을 결코 수치라고 생각하지 않았다.

셰익스피어는 극장 지배인으로서도 성공했다. 그는 희곡이나 시를 쓰는 재능보다 매니저로서의 실무적 수완을 오히려 자랑하고 있었는지도 모른다. 한 시인의 말에 의하면 셰익스피어가 말하는 문학 수업의 첫째 목표는 정당한 자활의 길을 걷는 데 있었다고 한다. 실제로 그는 문학적인 명성에는 전혀 무관심했던 것 같다. 그가 희곡의 발표를 스스로 이것저것 지시했다던가 작품 출판의 인가를 스스로 다니며 받았다고 하는 이야기는 들은 적이 없다. 때문에 그의 작품이 쓰여진 연대는 지금도 수수께끼로 남아 있다. 한편 확실히 알고 있는 것은 극장 경영 사업에서 큰 재산을 일구었다는 사실이다. 이 성공 덕분에 고향에서의 편한 은거 생활도 가능했던 것이다.

시인 밀턴도 처음에는 교사였는데 후에 출세하여 국책호의 비서관이 되었다. 현재까지 전하는 당시의 회의록이나 보관되어 있는 밀턴 자신의 많은 편지에서도 알 수 있듯이 그는 그 직책을 다하기 위해 열심히 일했고 그에 알맞은 성과를 올렸다.

비즈니스맨이 성공에 이르는 길은 상식을 익히는 길이기도 하다. 여기서도 지식의 획득이나 과학 연구와 마찬가지로 끈기 있는 노력과 근면을 빠뜨릴 수 없다.

그리스의 오래된 격언에 '어떤 직업이라도 유능한 사람이 되려면 다음의 세 가지를 빠뜨릴 수 없다. 그것은 천성과 공부 그리고 실천이다.'라는 말이 있다. 비즈니스에서는 머리를 쓰고 열심히 실천해 가는 것이 성공의 비결이다. 때로는 '요행수'도 있겠지만 그것은 도박에서 부정으로 번 돈처럼 인간을 혼란시키고 파멸시키는 것이 고작이다.

이런 격언도 당신에게 좋은 충고가 될 것이다.

"가장 가까운 지름길은 대개의 경우 제일 나쁜 길이다. 때문에 최선의 길을 가고 싶으면 다소나마 돌아가는 길로 가야 할 것이다."

돌아가는 여행은 확실히 시간도 많이 걸릴 것이다. 그러나 고생 끝에 큰 성과에 이르게 되면 그때야말로 진정한 기쁨을 얻을 수 있는 것이다. 아무리 흔하고 쓸모 없는 것이라도 정해진 일을 성실하게 처리해 가면 나머지 인생은 그만큼 더 멋진 생애가 될 것이다.

불사를 얻기 위해 12가지 어려운 일에 도전한 헤라클레스의 우화는 모든 사람이 살아가는 행동의 본보기다. 특히 젊은이는 인생의 행복이나 번영이 타인의 도움이나 후원이 아니라 자기 자신의 힘으로 쟁취할 것을 정확히 자각해야 한다.

06. 불굴의 투혼은 자존심에서 나온다
자존심이 강한 2030에게

자존심은 진정한 인간다움이 근본적인 기반이다. 자존심을 잃어버린 사람은 성공하기 힘들다. 야심, 용기, 불굴의 정신, 그리고 온갖 형태의 자제심은 그 인물이 이 세상에서 자기의 역할을 훌륭히 수행하여 자기의 지위를 유지하려는 자존심을 가지고 있다는 현상이다. 겁쟁이가 도피하려고 하는 것은 자존심이 결여되어 있기 때문이다. 불굴의 정신을 고취하고, 고통이나 불쾌한 일에 좌절해서 명예를 손상시키지 않도록 하는 것이 자존심이다.

자존심은 또 허영심이나 질투나 선망심을 자극하는 것에 대항하는 측면에서도 대단한 힘이 된다. 허영심은 남들이 좋게 생각해 주는 것에만 기쁨을 느끼는 마음이다. 이에 대해 자존심은 남의 의견에 좌우되는 일이 거의 없다.주위 사람들이 좋게 생각해 주기를 바라는 것은 어느 정도까지라면 바람직한 것이다. 남들이 좋게 생각해 주면 기쁨을 느끼는 것도 극히 자연스러운 감정이다. 다만 자존심은 남의 호감을 사기 위해서 비굴해지는 것 따위는 허용치 않는다.

자존심이 있는 사람이라면 정당한 이유도 없이 자신의 평가가 떨어지는 일이 발생하더라도 지나치게 신경을 쓰는 일은 없다. 사람들의 평가보다 더 중요한 것이 있기 때문이다. 그것이 자존심이다.

이 세상에서 힘들고 어려운 일에 대하여 완전한 해결책이란 없다. 선인이라고 해서 반드시 행복하다고 할 수는 없다. 종교도 이 세상의 인간을 완전히 행복하게 해준다는 보장은 없다. 힘들고 어려운 일을 참고 견디면서 많은 수양을 쌓을 수는 있어도, 그것으로 문제점이 해소되는 것은 아니다.

자존심이 있는 사람도 남에게 미움을 받거나 무시당하면 마음이 상하기도 한다. 그러나 그 느낌은 남의 호감을 사는 것에만 마음을 쓰고 있는 사람이 느끼는 것과는 다르다. 이런 점에서 선망이나 질투를 극복하는 데에는 자존심이 큰 도움이 된다는 것을 알 수 있다.

학교에 다니는 아이들 사이에서도 질투심을 자극하는 일은 참으로 많다. 한 학생은 성적이 우수하고, 한 학생은 남보다 좋은 옷을 입고 있다. 또 다른 학생은 친구들에게 인기가 있다. 질투심이 강한 사람에게는 이러한 것 모두가 불행의 씨앗이 된다.

그 학생은 그가 선택한 라이벌을 미워하고, 나아가서 그 라이벌을 좋아하는 선생님이나 급우까지도 미워하는 것이다. 그리고는 아마 의기소침해지거나 분개할 것이다. 그런 경우, 자존심이 있는 학생이라면 어떻게 행동할 것인가에 대해 실례를 들어서 이야기하자.

프랑스에서 가장 재능 있는 작가 중의 한 사람인 알퐁스 도데[10]가 '작은 아이' 라는 책을 출판했다. 그 책은 작가의 자전적인 것으로 되어 있다.

주인공은 작가 자신인데, 프랑스의 리옹에 살고 있는 가난한 소년이다. 다행스럽게도 그는 부유한 집 아이들이 다니는 학교를 학비를 면제받아 다니게 되었다.

프랑스에서는 남학생이든, 여학생이든 모두 블라우스를 입는다. 그도 처음으로 학교에 등교하는 날 블라우스를 입고 갔다. 그러나 교실에 들어서는 순간, 블라우스를 입고 있는 사람이 자기뿐이라는 것을 알게 되었다. 부유한 집의 자녀들은 블라우스가 아닌 정장을 입고 온 것이다.

아이들은 킥킥거리며 웃고 있었고, 여기저기서, "블라우스 따위를 입고 왔다."라고 소곤거리는 소리가 들렸다. 시간이 지남에 따라 아이들뿐만 아니라 선생님까지도 짓궂게 그를 적대시하기 시작했다.

선생님은 결코 그의 이름을 부르지 않았다. 그에게 말을 할 때는, "뭐였더라, 너 이리 와 봐." 라든지, "뭘 하고 있는 거야, 뭐라더라, 너……."라는 식으로 말하는 것이었다.

이때 다른 아이들 같았으면 용기를 잃거나 아니면 부끄러워서 매우 비참해졌을 것이다. 그런데 이 자존심 있는 소년은 달랐다. 그는 '내가 이 학교를 계속 다니려면 남보다 더 많이 공부를 하지 않으면 안 된다.'라고 자기 자신에게 굳게 다짐했고, 결국에는 그것을 해냈다.

훗날 훌륭한 작가가 된 그는 옛날에 선생님이 자신을 업신여겨 부르던 호칭을 그 자전적 소설의 제목으로 사용했다. 그때 그가 느꼈던 기쁨과 긍지가 어떠했을까는 가히 상상하고도 남는다.

---

10) Daudet, Alphonse(1840~1897): 프랑스의 소설가

한가지 뜻을 세우고
앞으로 가라
잘못도 있으리라. 실
패도 있으리라. 그러
나 다시 일어나 앞으
로 가라.

제 5장

사뮤엘 스마일즈의
먼저 자기 자신을 알아야 한다

자기 주장이 없는 사람은 절대 발전하지 못한다.
판단력 · 표현력을 몸에 익혀라.

기회가 없음을 한탄하기는 쉬우나
한탄하는 때가 바로 기회라고 깨닫기는 어렵다.
이것은 마치 놓친 고기 생각에 낚싯밥을
챙기지 못하는 것과 다를 바가 없다.

채근담

01. '타인의 생각'으로 판단하지 말라

판단력이 없는 2030에게

만일 당신이 어떤 친목단체에 회원이 되고 싶다면 그 단체 회원들에게 인정받을 수 있는 지식과 인품을 가져야 회원들로부터 환영받을 수 있다.

친목단체는 거짓과 가식이 똘똘 뭉쳐진, 겉과 속이 전혀 다른 세계라고 흔히 말하는데, 나는 그렇게 생각하지 않는다. 비록 친목모임이 거짓과 가식의 덩어리이고 겉과 속이 전혀 다른 면이 있다 하더라도 그것이 그러한 모임에만 한정된 이야기는 아니다. 이 세상에 거짓과 가식이 존재하지 않는 장소는 있을 수 없기 때문이다. 따라서 어느 정도의 거짓과 가식이 있다 하더라도 그것은 당신이 어떻게 대처하는 가에 따라서 도움이 될 수도 있는 것이다. 세상은 알면서도 모르는 척하고, 모르면서도 아는 척하며 살아가야 할 때가 많기 때문이다.

시골 사람들은 순진하고 가식과 거짓이 없고, 도시 사람들은 거짓투성이라고 주장하거나, 또는 그것을 그대로 믿는다 할지라도 진실은 바

꿰지 않는다. 시골의 농사꾼이나 도시에서 살고 있는 부유한 사람들이나 똑 같은 인간이다. 그리고 마음에 느끼는 것이나, 생각하는 것들은 다를 바가 없다. 다만 그들이 살아가는 삶의 방식이 조금 다를 뿐이다.

사람들이 일반론을 내세워 그들의 주장이 옳다고 할 때에는 신중을 기해 주기 바란다. 일반론을 들고 나오는 인물들 중에는 자만심이 강하고 교활한 인간이 많다. 정말 현명한 사람은 그런 것을 내세울 필요가 없다. 교활한 인간이 일반론을 내세우는 것을 보면, 그것에 의지하지 않을 수 없는 내용의 빈곤성을 가지고 있기 때문이다.

세상에는 국가가 직장에서뿐만 아니라, 그의 모든 면에서 갖가지 일반론이 활개를 치고 있다. 그것들 중에는 틀린 것도 있는가 하면 옳은 것도 있다. 그러나 대체적으로 말한다면, 자기 생각을 갖지 못한 사람들이 '일반론' 이라는 낡은 장식품을 몸에 걸치고 남의 눈에 띄게 되기를 바라고 있다.

나는 그러한 사람이 남의 웃음을 자아내게 하려고 일반론을 들고 나오면, 일부러 위엄 있는 얼굴을 하고서 "그렇습니까, 그래서?"라고 뒤에 이어질 말이 당연히 있는 듯한 태도를 취한다. 그러면 자신감이 없고 일반론밖에 의지할 근거가 없는 상대는 다음 말을 잊지 못하고 곤경에 빠져 우물쭈물한다.

결국 자기 자신이 확고한 지식을 가지고 있는 사람은 일반론 같은 것에 의존하지 않더라도 말하고 싶은 것을 똑바로 말할 수 있다. 시시한 일반론 따위는 내세우지 않더라도 충분히 즐겁고 도움이 되는 화제를 제공할 수 있다. 결국 그러한 사람은 비꼬아 말하거나 일반론을 예로 내세우지 않더라도 상대방을 따분하게 만들지 않고 재치가 넘치는 이야기를 할 수 있는 것이다.

02. 인간의 가장 큰 장점은
생각할 수 있다는 것이다
습관을 바꾸려는 2030에게

당신은 반드시 매사를 깊이 생각하는 습관을 몸에 익혀야 한다. 그리고 진실을 추구하고 왜곡되지 않은 지식도 몸에 익혀 주어야 한다. 일단 스스로 생각해 보겠다는 뜻을 세우기 시작하면 놀랍게도 사물을 보는 눈이 달라질 것이다. 이미 자신에게 주어진 사고 방식으로 사물을 보거나 실체가 없는 것에 힘이 있다고 착각하고 있던 그 전과 비교할 때, 사물이 얼마나 질서정연하게 보이는지 체험해 보지 않은 사람은 모를 것이다.

물론 나는 지금도 예전의 다른 사람들로부터 배운 그대로의 사고 방식을 가지고 있는지도 모른다. 하지만 오랜 세월 동안 다른 사람으로부터 받은 사고 방식이 그대로 자기의 사고방식이 되는 것도 있을 것이다. 실제로, 젊었을 때 가르침을 받고 그것이 계속 옳다고 생각해 왔던 것과 살아가면서 자기 스스로 체험함으로써 갖게 되는 사고 방식과의 구별을 할 수 없게 되는 경우도 있을 수 있는 것이다.

내가 가지고 있던 맨 처음 편견은 고전에 대한 절대주의였다. 이것은 수많은 고전을 읽거나 여러 선생님들로부터 강의를 듣는 동안에 자연스럽게 몸에 밴 것을 신봉하는 태도는 열렬하기 짝이 없는 것이었다.

나는 지난 1,500년 동안, 이 세상에는 양식이나 양심 따위는 눈곱만큼도 존재하지 않는다고 믿고 있었다. 양식 있는 것, 양심 있는 것은 고대 그리스나 로마 제국과 함께 멸망해 버렸다고 생각하고 있었던 것이다. 호머[11]와 버질[12]은 고전이기 때문에 옳고, 밀턴[13]과 타소[14]는 현대인이기 때문에 볼만한 가치가 없다고 생각하고 있었다.

그러나 지금은 다르다. 지금은 300년 전의 인간도 현재의 인간과 똑같다는 것을 잘 알고 있다. 어느 쪽이나 단순한 인간이며 다만 그 삶의 방법과 관습이 시대에 따라서 변화할 뿐이고, 인간의 성지 따위는 예나 지금이나 다를 바 없다. 동물이나 식물이 1,500년 전 또는 300년 전과 비교해 아무것도 진보하고 있지 않은 것과 마찬가지로, 인간 역시 1,500년 전 또는 300년 전의 인간들이 더 똑똑하고 용감하고 현명했다는 것은 있을 수 없는 일이다.

현대인이나 고대인이나 장점이 있는가 하면 단점도 있으며, 또한 좋은 일도 했지만 나쁜 일도 했다는 말이 더욱 자연스럽지 않은가? 뒤늦게나마 나는 그렇게 납득하게 되었다.

그전에 대한 독단도 상당했고 종교에 대한 편견도 대단한 것이었다. 한대는 영국 국교를 믿지 않으면 이 세상에서 가장 정직한 사람이라도 구원받지 못한다고 진심으로 믿고 있었을 정도였으니까 말이다.

---

11) homeros(? ~ ?): 고대 그리스 서사시인. 「일리아드」「오딧세이」지음
12) Publius Vergilius Maro(BC 70 ~ BC 19): 고대 로마 최대의 시인
13) Milton. John(1609 ~ 1674): 영국의 시인, 「실락원」지음
14) Tasso(1544 ~ 1595): 이탈리아의 시인

당시는 사람의 생각이나 의견은 그렇게 간단히 바꿀 수 있는 것이 아니라는 것을 몰랐던 것이다. 또한 자기 자신의 의견이 다른 사람의 의견과 당연히 다를 수 있듯이, 다른 사람도 나와 의견이 다를 수 있으며, 그리고 설령 의견이 다르더라도 서로가 진지하다면 그것으로 만족하며, 서로 관용을 가져야 한다는 사실을 나는 몰랐던 것이다.

아무튼 자기 머리를 써서 사물을 똑바로 생각하는 습관을 길러 주기 바란다. 우선, 현재 당신의 생각들을 하나하나 점검하고, 정말로 자기가 그렇게 생각하는가, 남한테서 배운 대로 생각하고 있는 것은 아닌가, 편견이나 독단에 빠진 것은 아닌가 하고 생각해 보는 일에서부터 시작하기 바란다. 편견이 없어지면 자신의 머리를 써서 여러 사람들의 의견을 듣고 그것이 옳은 것인지 그렇지 않은지, 만약 옳지 않다면 어디가 옳지 않은 것인가를 생각하고 모든 것을 종합해서 자기의 생각을 가져 주기 바란다.

좀더 일찍부터 스스로 판단했더라면 좋았을 텐데, 하고 후회하는 일이 없도록 조금이라도 빨리 시작해야 한다. 물론 인간의 판단력이 언제나 옳은 것은 아니다. 틀릴 수도 있을 것이다. 그렇지만 일찍이 판단력을 기르는 것이 가장 적게 틀리는 지침임에는 변함이 없다. 그것을 보충해 주는 것이 책이고 사람과의 교제다 그러나 책이든 교제든, 그것을 과신(過信)하고 그대로 받아들여서는 안 된다. 그것들은 어디까지나 신이 인간에게 내려 준 판단력의 보조물에 불과하다.

번거롭고 귀찮은 일은 여러 가지 있겠지만, 그 중에서도 특히 많은 사람들이 생략하고 싶어하는 '생각한다' 는 작업만큼은 소홀히 하지 않도록 명심해 주기 바란다.

03. 올바른 판단력과 겸허함을 길러라
지식을 전하는 2030에게

어떠한 장점이나 덕행에도 그와 비슷한 단점과 부덕이 있기 마련이며, 자칫 한 걸음 발을 잘못 내딛으면 생각지도 못한 과오를 저지를 수가 있다. 관용은 도가 지나치면 응석이 된다. 이와 마찬가지로 절약은 인색한 것이 되고, 용기는 만용이 되고, 지나친 신중함은 비겁함이 되기 쉽다. 그렇게 생각하다 보면, 결점이 없도록 그리고 부도덕한 행위를 하지않도록 주의하는 것 이상으로, 장점이나 덕을 가지고 있다는 것에는 주의가 필요한 것이 아닐까 하는 생각이 든다.

부도덕한 행위라는 것은 그 자체만으로도 아름답지 못한 추한 것이다. 그래서 한번 보면 자기도 모르게 외면해 버리고 그 이상 깊이 관여하려는 생각이 들지 않는다. 물론, 그러한 행위가 교묘하게 위장되어 있으면 이야기는 달라진다.

반면에 도덕적 행위라는 것은 그 자체가 아름답다. 따라서 처음 보았을 때부터 마음을 빼앗기고, 보면 볼수록 그리고 알면 알수록 매료되어

간다. 그리고 머지않아 자기도 취해 버리는 것이다.

올바른 판단이 필요한 것은 바로 이때다. 도덕적 행위를 지속되게 하기 위해서는, 장점을 언제까지나 장점으로 지속시키기 위해 넋을 잃으려고 하는 자신에게 채찍질을 가하지 않으면 안 된다.

이런 이야기를 꺼내게 된 것은 다름 아니라 '학식이 풍부하다'는 장점이 쉽게 빠질 수 있는 함정에 대하여 이야기를 하고 싶었기 때문이다.

지식이 많다고 해도 올바른 판단력이 없으면 '아니꼽다'거나 '학자인 체한다'는 따위의 엉뚱한 험담을 듣게 될지도 모른다. 당신도 언젠가는 많은 지식을 갖게 될 것이다. 그때를 대비해 보통 사람들이 빠지기 쉬운 함정에 빠지지 않도록 지금부터 주의를 해두는 것도 나쁘지는 않을 것이다.

학식이 풍부한 사람은 지식에 자신이 있는 나머지 남의 의견에 귀를 기울이지 않는 경우가 많다. 그리고 일방적으로 자기 판단을 강요하거나 멋대로 단정해 버리기도 한다.

그런 행동을 한다면 어떤 결과가 올까? 그렇게 강요당한 사람들은 모욕당하고 상처 입었다고 느껴 얌전하게 복종해 주지만은 않을 것이며, 분노를 느끼고 반항할 것이다. 심한 경우에는 법적 수단에 호소하는 사태가 일어날지도 모른다.

이런 사태를 피하기 위해서는 지식의 양이 늘어나면 늘어날수록 겸허해져야 할 것이다. 확신이 있는 일에 대해서도 그다지 확신이 없는 것처럼 가장하고, 의견을 말할 때도 단정적으로 말하지 말아야 한다. 남을 설득하고자 한다면 상대방의 의견에 차분히 귀를 기울여라, 그 정도의 겸허함도 없어서는 안 된다.

만일 당신이 학자인 체하여 건방진 녀석이라는 말을 듣고 싶지 않다면, 또 무식하다고 욕을 먹는 것도 싫다면, 가장 좋은 방법은 지식을 자랑하지 않도록 하는 일이다. 그리고 주위 사람들과 같은 이야기는 하지 말고 순수하게 내 마음만 전달하면 된다. 주위 사람들보다 조금이라도 훌륭한 것처럼 보이게 하거나 학문이 있는 것처럼 드러내 보여서는 안 된다.

지식은 회중시계처럼 조용히 주머니 속에 넣어 두는 것이 좋다. 자신의 지식을 자랑하고 싶어서 필요하지도 않은데 주머니에서 꺼내 보거나 시간을 가르쳐 줄 필요는 없다. 시간을 묻는 사람이 있다면 그때만 대답하면 된다. 시간의 파수꾼도 아닌데 묻지도 않는 말에 대답해 줄 필요는 없다.

학문은 몸에 지니고 있지 않으면 곤란한, 쓸모 있는 장식물과도 같은 것이다. 몸에 지니고 있지 않으면 크게 창피를 당하게 된다. 지금 내가 이야기한 것처럼 과오를 저질러서 비난을 당하지 않도록 항상 주의하지 않으면 안 될 것이다.

04. 때로는 '농담'도 필요하다
유머가 없는 2030에게

사람이 살아가다 보면 가끔은 세상 물정을 모르는 사람과 언쟁을 벌일 경우가 있다. 이때 그들이 내세우는 이론을 듣고 있노라면, 세상이 마음먹은 대로 돌아가는 것이 아니라는 것을 이해시키지 못해 안타까울 때가 있다. 가령, '세상은 그런 것이 아니오'라고 충고를 한다면 상대는 당신의 충고를 들은 척도 하지 않을 것이다.

그도 그럴 것이, 상대는 이미 당신이 하고자 하는 말을 수도 없이 들었을 것이고, 알고 있기 때문이다. 예를 들면, 인간의 두뇌에 대하여, 마음에 대하여, 이성, 의지, 감정, 감각, 감상에 대하여…… 등등 보통 사람들이 생각할 수 없는 데까지 세분화하여 인간을 철저히 연구하고 분석해서 자기 학설을 확립했던 것이다. 그러니 쉽게 양보하고 물러설 리가 없다. 자기가 옳다고 생각하면 다른 사람들의 얘기는 듣지 않을 것이다.

다만 아쉬운 것은 실제로 인간을 관찰한 일도 없고 사귀어 본 일도 없기 때문에, 세상에는 여러 부류의 인간, 여러 가지 습관, 편견, 그리고 그것들을 종합해 한 인간이 존재한다는 것을 전혀 모르고 있다는 점이다. 특히 다른 사람들의 의견을 전혀 듣지 않고 있다는 것이다. 이런 사람의 가장 큰 단점은 실제의 인간에 대해서는 전혀 모르고 있다는 점이다.

그러기 때문에, 설사 연구실에서 '인간은 칭찬을 받으면 기뻐한다'는 사실을 발견하고, 자기도 그것을 실천하려고 한다. 그러나 그 방법을 모른다. 모르기 때문에 무턱대고 칭찬할 수 밖에 없는 노릇이다. 그렇게 하면 결과가 어떻게 되는가는 쉽게 상상할 수 있을 것이다.

칭찬한 말이 그 장소에 어울리지 않거나 정확하지 않다거나 타이밍이 나빴다거나……. 그런 것이었다면 차라리 아무 말도 하지 않는 편이 더 나을 것이다. 그들은 머리가 자신의 문제로 꽉 차서 주위 사람이 지금 어떤 상황에 처해 있는지, 어떤 이야기를 하고 있는지에 대해 생각이 전혀 미치지 못하는 것이다. 또한 생각하려는 마음조차 없는 것이다.

그래서 생각난 김에 앞 뒤 생각 없이 칭찬해 버린다. 칭찬받은 사람은 당황하고 어리둥절하여, 다음에는 또 무슨 말을 들을지 몰라 조마조마하게 되는데, 그것은 무리는 아니다.

세상 물정 모르는 학자에게는, 아이작 뉴턴이 프리즘을 통하여 빛을 보았을 때처럼 인간도 색깔별로 분류되어 보이는 것이다. 이 사람은 이 색깔, 저 사람은 저 색깔이라는 식으로 말이다. 그러나 경험이 풍부한 염색 기술자는 다르다. 빛깔에는 명도가 있고 채도가 있다는 것을 알고 있다. 한 가지 색으로 보이더라도 여러 가지 색이 뒤섞여 있다는 것을 알고 있다.

애당초 한 가지 색깔만으로 되어 있는 인간이란 없다. 다소는 다른 색깔이 뒤섞여 있거나 그림자가 들어가거나 한다. 그 뿐만이 아니다. 비단이 빛을 받은 정도에 따라서 어떠한 색깔로도 변하듯이 상황에 따라 어떤 색으로도 변하는 것이 인간이다. 이러한 것은 세상 물정을 알고 있는 사람이라면 누구나 다 알고 있다.

그러나 세상으로부터 격리되어 혼자만이 생각하고, 자기 자신만이 최고라고 하는 사람들은 그것을 모른다. 이것은 머리로 생각해서 알 수 있는 일이 아니다. 따라서 공부한 것을 실천하려해도 뒤죽박죽이 되어 생각대로 되지 않는다. 사람이 춤추는 것을 본 일이 없는 사람이나 댄스를 배운 일이 없는 사람은 아무리 악보를 읽을 줄 알고 멜로디나 리듬을 이해할 수 있어도 춤을 출 수는 없을 것이다. 그것과 마찬가지이다.

그 점에서 자신의 눈으로 보고 귀로 들어 세상을 알고 있는 사람은 전혀 다르다. 마찬가지로 '칭찬'의 위력을 안다면 언제, 어디서 어떻게 그것을 사용하면 좋을지를 제대로 터득하고 있다. 말하자면 환자의 체질에 알맞은 투약을 할 수가 있는 것이다. 그들은 직접 칭찬하는 일은 없다. 완곡하게 비유적으로 혹은 암시적으로 칭찬을 한다. 결국, 머리로 생각하는 것과 현실 사이에는 큰 차이가 있다는 것을 알아야 한다.

그런데 당신은 지식도 인격도 훨씬 모자란 사람들이 우수한 사람들을 상대로 상대방이 눈치채지 않도록 능숙하게 조종하고 있는 것을 본 일이 있는가? 나는 지금까지 여러 차례 그러한 사례를 보았다. 이러한 일이 일어나는 것은 다소 생각이 부족한 사람들 쪽이 세상을 살아가는 지혜가 뛰어난 경우였다. 그들은 지식과 인격은 있지만 세상 물정에 어두운 사람들의 맹점을 이용해 자기 뜻대로 조종하고 있는 것이다.

자기 눈으로 보고, 관찰하고, 실제로 체험해서 세상일을 알고 있는 사람은 단순히 책을 통해서 세상일을 아는 사람과는 근본적으로 다르고, 훨씬 우수하다는 사실이다. 그것은 잘 훈련받은 노새가 훈련되지 않은 말보다 훨씬 쓸모가 있다는 것과 같다.

당신도 이제 지금까지 공부해 온 것과 보고들은 것을 종합하여 자기 나름대로의 판단을 내리고, 자기의 인격이나 행동양식, 예의범절을 배우지 않으면 안 될 시기에 이르렀다. 앞으로는 세상을 알고 그것에 더욱 세련미를 가하면 된다. 그런 뜻에서 세상에 대해서 씌어져 있는 책을 읽는 것이 좋을 것이다. 씌어 있는 것과 현실을 비교해 보면 좋은 공부가 될 것이다.

예를 들면, 오전 중의 공부 시간에 라 로슈푸코[15]의 격언을 몇 줄 읽고 깊이 생각했다고 하자, 그것을 밤에 사교장에서 만나는 사람들에게 적용시켜 생각해 보면 좋을 것이다.

라 브뤼에르[16]를 읽었다면 거기에 묘사되어 있는 세계는 어떤 것인가를 실제로 밤의 사교장에서 확인해 보는 것이다.

인간의 마음을 움직이거나 감정의 동요 등, 책에는 여러 가지가 씌어 있다. 그것을 미리 읽어 두는 것은 좋은 일이다. 그러나 읽는 것으로 끝내서는 안 된다. 실제로 사회에 발을 들여 놓고 관찰해야 한다. 그렇게 하지 않으면 모처럼 얻은 지식도 산지식이 되지 못한다. 뿐만 아니라 그릇된 방향으로 나가 버리게 된다. 방안에서 세계 지도를 펼쳐 놓고 지도만 뚫어지게 들여다본들 세계에 대해서는 아무것도 알 수가 없는 것이다.

---

15) La Rochefo-ucauld(1613~1680): 프랑스의 작가
16) La Bruyere(1645~1695): 프랑스의 모랄리스트

05. 취미나 기호는 적당히 하라

자제심이 약한 2030에게

식욕을 돋구는 것이라면 무엇이든 닥치는 대로 먹는 습관을 '폭식'이라 하는데, 이것은 건강을 크게 해칠 수도 있다. 그뿐만 아니라 폭식하는 습관은 나이가 들어서 온갖 몹쓸 병에 걸릴 수 있는 원인을 제공하기도 한다.

폭식하는 습관보다 더욱 위험한 것이 맛있어 보이는 것이라면 무엇이든 먹어치우는 습관이다. 그것이 술인 경우에는 폭음이 되는 것이다. 알코올 중독은 인간이 빠져들기 쉬운, 경멸해야 할 악습 가운데 하나다. 그것은 대단히 위험한 습관으로, 이 습관이 몸에 배는 것은 자제심이 부족하기 때문이다. 일단 알코올 중독이 몸에 배면 이번에는 조금 남아있던 자제심까지 없애고 만다. 알코올 중독자는 자제심을 완전히 포기한다. 그것은 위험한 장소 한복판에서 말의 고삐를 풀어주고 말이 마음대로 뛰어다니게 하는 것과 같은 것이다. 아주 온화한 사람이 과음을 하면 싸움을 하려하고, 매우 친절했던 사람이 잔혹하거나 비정하게 되고, 대단히 사려 깊은 사람이 어리석은 짓을 하는 등 누구나 한결같이 어리석은 사람이 되고 만다.

음주에 수반하는 큰 위험은 술에 빠지면 자기를 억제할 수 없게 된다는 것이다. 술을 마시게 되는 경우도 '가끔 한 잔 마실 정도라면 별 문제가 아니겠지'라는 생각으로 마시거나 혹은 '다른 사람이 마시니까'라고 하는 이유로 마신다. 그러나 이것이 쌓이고 쌓이면 본인도 모르는 사이에 급속히 알코올 중독자처럼 되어 버린다. 이렇게 되면 자신의 무력감을 통감할 뿐이다.

알코올 중독자에게는 술에 대한 굶주림과 갈증에 대한 욕망만큼 무서운 것도 없다. 그것은 자기의 부모나 처자에 대한 애정보다도 능가하고, 남들에 대한 체면을 지키는 마음보다 앞서며, 가난이나 조소를 두려워하는 기분보다도 강하다. 타는 듯한 갈증을 느끼고, 그 고통은 상상할 수가 없다. 게다가 그것은 영원히 해소되지 않는 갈증이다.

이런 증상이 나타날 우려가 전혀 없는 사람은 있을 수 없다. 또 언제 그 증상이 나타날지 예측할 수도 없다. 남을 비웃고 있는 자신이 그 광폭한 악마의 먹이가 될지도 모르는 것이다.

나이아가라 폭포라 해도 상류에서는 강을 저어 내려가다가도 마음만 먹으면 방향을 전환할 수 있다. 그러나 좀더 하류까지 내려가면 이미 되돌릴 수 없는 지점에 도달한다. 문제가 되는 것은 그 지점에 언제 도달하는 지를 본인으로서는 전혀 모른다는 것이다. 그는 항상 아직 안전하고 되돌아 갈 수 있다고 생각하고 있다. 그러나 서서히 흐르는 물은 그를 휩쓸어서 무서운 기세로 낙하하기 시작하는 지점까지 흘러가는 것이다.

술을 마시기 시작하는 경우도 이와 마찬가지다. 어디서부터가 자기 의지로써는 어쩔 수 없게 되는지 본인은 예측할 수 없다. 알코올 중독자라 할지라도 그것을 개선하는 데 있어서 때가 너무 늦었다는 것은 없다. 그러나 개선을 하려면 상상할 수 없는 고통스런 노력을 하지 않으면 안 된다. 그러나 그만한 힘과 해야겠다는 각오가 있는 사람은 별로 없는 것 같다.

술의 유혹에 빠져 있는 청소년이나 술의 유혹에 빠지기 쉬운 청소년에게 유일하고 안전한 길은, 술을 일체 입에 대지 않는 것이다. 그러면 안전하다. 비록 처음에는 아주 조금밖에 마시지 않아도 일단 술을 입에 대면 돌이킬 수 없는 급류에 휩쓸리기 쉽다. 그런 위험성이 있다고 말하면 웃어 넘기는 사람이 있는데, 그것은 전염병에 전염될 위험성을 웃어 넘기는 것과 마찬가지다. 자기의 건강을 자랑하며 "나는 걱정 없다."라고 말하고 있어도 다음 순간에는 병균이 그의 몸을 점령해 버릴지도 모르는 것이다.

06. 상대방에게 호감을 얻고 싶으면 '칭찬'하라
칭찬을 모르는 2030에게

당신이 상대방을 칭찬해 줌으로써 얼마나 큰 이익을 얻을 수 있는 가에 대해서는 계속적으로 이야기하겠다. 하지만 당신이 상대방의 가치를 인정해 주면 상대방은 당신과 관계를 맺는 것에 대해 즐거워하고 도움이 된다고 여기는 동시에 자신을 자랑스럽게 생각하게 될 것이다. 당신의 칭찬 한 마디가 상대방에게 순수한 에너지와 자신감 그리고 의욕을 부여하게 되는 것이다.

당신의 칭찬은 상대방에게 하나의 지표가 된다. 당신이 상대방을 좋아하고 있고, 그를 호의적으로 생각하고 있으며, 결코 그에게 무관심하거나 시기심을 갖고 있지 않다는 뜻을 전달하는 것만으로도 충분하다. 그러면 상대방은 당신이 자신을 기쁘게 해주고 싶어하고, 자기 자신에 대해 긍정적인 생각을 갖고 있음을 알게 될 것이다. 그와 더불어 당신에 대한 태도도 마찬가지로 긍정적으로 변할 것임에는 의심의 여지가 없다. 따라서 당신이 상대방에게 어떤 모습으로 비춰질 것이며, 차후에

업무적으로나 개인적으로 어떤 대우를 받을 것인가는 상상할 수 있을 것이다.

세상일이란 그런 것이다. 자신이 주는 것만큼 받게 된다. 상대방에게 칭찬하는 한 마디 말을 전하면, 그것은 다시 자기 자신에게 똑같이 되돌아오게 되는 것이다.

다른 사람을 칭찬하는 일은 당신이 생각하고 있는 것보다 훨씬 드문 일이다. 아마도 당신이 누군가를 칭찬한다면 그는 오랜만에 칭찬을 들었을 가능성이 매우 크다. 흔치 않는 칭찬을 들었을 때, 상대방은 당신에게 얼마나 큰 기쁨을 주었는지 느낄 수 있을 것이고, 한편으로 당신을 제외한 다른 사람들에게는 왜 칭찬을 받지 못하였는가에 대해서 생각해 볼 기회를 갖게 될 것이다. 그리고 당신이 칭찬했던 그 부분에 대해 다른 사람들은 어느 누구도 인정하지 않았음을 깨닫게 될 것이다. 이렇게 되면 그는 앞으로도 누가 자신을 인정해 주고 또 누가 자신을 인정하지 않았는가에 대해서 가슴 깊이 새기고 있을 것이다.

상대를 칭찬해 줌으로써 당신은 다른 사람들과 확연히 차이가 나는 대접을 받게 될 것이다. 당신은 상대방에게 특별한 존재로 기억되고, 앞으로도 지속적인 관심의 대상으로 남게 될 것이기 때문이다.

누구로부터 칭찬을 받는다는 것은 상대방에게 특별한 사건이다. 그것은 그의 기억 속에서 사라지지 않고 오래도록 머물러 있으면서 작용을 할 것이다. 그는 칭찬을 받게 된 계기가 무엇이었고, 어떤 표현이 사용되었으며, 어떤 상황에서 이루어졌는지 자세히 기억하고 있을 것이다. 하지만 그 중에서도 그가 가장 잘 기억하는 것은 누가 자신을 칭찬해 주었는지에 대한 기억일 것이다.

당신이 지금 칭찬해 주는 사람은 앞으로도 칭찬을 받고 싶어할 것이고, 따라서 즐거운 마음으로 당신과 함께 있고 싶어할 것이다. 반대로 자신의 존재를 간과해 버리고, 능력을 무시해 버리는 사람에게는 같이 일한다는 것은 그에게 있어 생각하기도 싫은 끔찍한 일이 될 것이다.

07. 자신을 표현하는 '화술'을 연마하라

화술에 능숙하지 못한 2030에게

화술에 능숙한 사람이 되고 싶다면 어떻게 하면 좋을까? 화술에 능숙한 사람이 되고 싶다는 생각을 항상 마음에 새겨두고, 그것을 실현하기 위해 책을 읽거나 문장 연습을 하는 일에 집중해야 할 것이다.

우선 자신에게 이렇게 타일러 보자.

"나는 사회에서 다른 사람 보다 능력 있는 인간이 되고 싶다. 그러기 위해서는 화술에 능숙하지 않으면 안 된다. 우선 말하는 기술을 연마하고, 정확하고 품위있는 화술을 몸에 익히도록 노력해야 한다. 고전이나 현대 문학작품, 그리고 웅변가들이 쓴 책을 읽어 나의 것으로 만들어 보자. 말을 잘하기 위한 목적 하나만으로 많은 책을 읽자. 나는 할 수 있고, 해야만 할 것이다."

이렇게 자기 자신에게 타이르고, 최면을 거는 것이다.

실제로 그러한 목적으로 책을 읽을 때는 문장이나 말의 사용법에 정신을 집중하는 것이 좋다. 어떻게 하면 좀더 나은 표현이 되는가, 그리고 만약 당신이 같은 글을 쓴다면 무엇이 부족한가를 생각하면서 읽는 것이다.

같은 내용의 글이라 하더라도 저자에 따라 표현이 달라지고 표현이 달라지면 아무리 훌륭한 내용이라도 말의 사용법이 이상하거나 문장에 품위가 없다거나 문체가 고르지 않으면 얼마나 답답한 느낌이 드는가 등을 잘 관찰해 두면 좋을 것이다.

또한 아무리 친한 사람에게 보내는 편지라 할지라도 자기만의 스타일을 갖는다는 것은 중요한 일이다. 대화를 하기 전에 하고 싶은 말을 준비하는 것이 중요하지만, 그렇게 하지 못한 경우에는 대화가 끝난 뒤에 좀더 좋은 대화가 없었을까 하고 생각해 보는 것만으로도 화법 향상에 많은 도움이 될 것이다.

당신은 우리들의 마음을 사로잡는 배우나 탤런트, 아나운서, 성우들이 어떤 방식으로 대화를 하고 있는지 눈여겨본 일이 있는가? 잘 관찰해 보면 알겠지만, 훌륭한 배우는 정확하게 발음하고 정확한 말에 중점을 두는 법이다.

말이란 개념을 전달하기 위해 있는 것이다. 그러므로 개념이 잘 전달되지 않는 방법으로 말을 하거나, 귀를 기울이고 싶지 않은 말투를 쓴다는 것은 어리석기 짝이 없는 일이다.

말을 잘하고 싶으면, 가까운 친구나 동료에게 매일 큰 소리를 내어 책을 읽고 그것을 들어 달라고 부탁하라. 호흡을 이어가는 법, 말을 강조하는 법, 책을 읽는 속도 등에 잘못된 곳이 있다면 일일이 지적하여 정정해 달라고 하라. 책 읽을 때는 입을 크게 벌리고 한마디 한마디 정확하게 발음하도록 해라. 조금이라도 말이 빨라지거나 느려지면 그 대목에서 지적을 받도록 해라.

처음에는 천천히 읽어서 말이 빨라지는 버릇을 고치는 것에 유념하는 것이 좋다. 발음에 무엇인가에 걸리는 듯한 느낌이 있다면, 빠른 말로 할 때는 알아듣기가 힘든 부분이 있다. 발음하기 힘든 단어가 있다면 완벽하게 발음할 수 있을 때까지 몇 번이든 연습하라.

그리고 시사 문제를 몇 가지 들어 그것에 대해 제기될 만한 찬성 의견과 반대 의견을 머리 속으로 생각하고, 논쟁을 예상해 그것을 가능한 대로 품위 있는 영어로 고쳐 보는 것도 좋은 공부가 될 것이다.

특히 화술 좋은 연설로 청중을 기쁘게 하려면 청중을 과대 평가하지 않는 것이 중요하다. 나도 처음에 상원의원이 되었을 때는 의회가 존경할 만한 사람들만 모인 집단이라고 생각하고 일종의 위압감을 느꼈었다. 그러나 그것도 잠시일 뿐, 의회의 실정을 알고 나니 그런 생각은 곧 사라져 버렸다.

나는 깨달았다. 560명의 위원들 중 화술에 뛰어난 사람은 고작해야 30명 내외이고 나머지는 거의가 평범한 사람들이라는 사실을 말이다. 그리고 품위가 있는 말로 장식된, 내용이 알찬 연설을 요구하고 있는 것은 그 30명 정도의 사람뿐이고 나머지 의원들은 내용이야 어떻든 듣기 좋은 연설만 들려주면 만족한다는 사실을 말이다.

그것을 알고 난 이후는 연설할 때마다 긴장도 적어지고, 나중엔 청중을 전혀 의식하지 않고 이야기의 내용과 화술에만 집중할 수 있게 되었다. 자만심으로 하는 말은 아니지만, 어느 정도 내용이 들어 있는 이야기를 할 수 있을 정도의 양식을 나는 갖추고 있다고 믿기 시작했다.

웅변가는 솜씨 좋은 제화공(製靴工)과 비슷하지 않을까? 웅변가나 제화공은 어떻게 하면 상대방(청중, 고객)에게 기분을 맞출 수 있을 것인가를 생각해야 한다. 그리고 여러 번 말했듯이 청중은 자기들의 오감이나 마음을 사로잡는 것만을 좋아하고 받아들인다.

08. 긍정적인 사고방식을 가져라
성공과 행복을 꿈꾸는 2030에게

긍정적인 사고는 자신을 활기차게 만들뿐만 아니라 주위의 사람들에게도 활력을 준다. 그러므로 자신의 밝은 미래를 위해서도, 건전한 사회를 위해서도 필요하다. 셰익스피어의 명언 중에 이런 말이 있다.

"사물에는 본래 좋고 나쁜 것이 없다. 단지 우리가 생각하기에 따라 좋고 나쁜 것이 결정되어지는 것이다."

그리고 링컨은 이런 명언을 남겼다.

"인간은 행복해지려는 자신의 결심의 강도에 따라 그만큼 행복해지는 것이다."

나는 오래 전에 만난 장애인과 나눈 대화가 생각난다. 그는 무척이나 밝은 표정으로 생활을 해나가고 있었다. 그리고 나에게 이렇게 말을 전했다.

"처음에는 평생을 불구자로 살아가야 한다는 사실을 알고 세상이 끝났다고 생각했다. 그런데 시간이 흐르면서 처음의 그 충격이 약해지기 시작했고, 다시 살고자 하는 욕망이 솟아나와 처음부터 다시 시작하기로 했다. 그렇게 현실을 인정하고 세상을 긍정적으로 바라보기 시작하자, 인생이 즐거워지기 시작한 것이다."

그렇다. 모든 사물을 긍정적인 시각으로 보아야 한다. 매사를 부정적으로 생각하고 비틀어진 시각으로 받아들이는 데서 비극이 시작되는 것이다. 그것은 또한 패배주의자의 지탄의 소리에 불과할 뿐인 것이다.

힘들게 노력해서 돈을 많이 번 사람이 사회 사업을 위해 많은 돈을 희사한 경우를 두고 돈 좀 벌었다고 자랑하기 위해서 생색을 내는 것이라느니, 아니면 장차 출세를 하기 위한 속셈으로 그렇게 하는 것이라느니 하는 식으로 선행을 베푸는 것을 나쁘게 평가하는 것은 반성할 일이다.

부정적인 사고방식의 소유자는 인간관계를 오래 지속할 수가 없다. 또한 언제나 상대를 경계하며 마음을 열지 않는다.

내 자신이 상대를 경계하면 상대방도 나를 경계하게 되고, 상대방에게 믿음을 주면 상대방도 나를 믿어주기 마련이다. 남을 불신하고 부정하면 자신도 불신 당하게 되기 때문에 그런 어리석음을 범하지 말아야 한다.

우리가 하는 행동은 감정에 따라 일어나는 것처럼 보이나 사실은 행동과 감정은 동시에 일어나는 것이다. 행동은 오히려 의지에 의하여 직접 통제할 수 있지만, 감정은 그렇지 못하다. 한편 감정은 동작을 조정함으로써 간접적으로 조종할 수 있다. 따라서 쾌활함을 잃었을 때, 그것을 회복하는 최선의 방법은 의식적이라도 쾌활한 척 행동하고 쾌활하게 이야기하는 것이다.

인간은 누구나 행복을 추구하고 있다. 그 행복을 얻는 방법은 단 하나밖에 없다. 그것은 자기의 기분을 마음대로 조종할 수 있는 힘을 기르는 것이다. 행복이란 외적인 조건에 의하여 얻어지는 것이 아니라 자기의 마음가짐 여하에 따라 얻을 수도 있고 놓칠 수도 있는 것이기 때문이다.

행복과 불행은 재산, 지위, 직업 등으로 결정되는 것이 아니다. 무엇을 행복으로 생각하고 무엇을 불행으로 생각하는가 하는 등의 사고방식에 따라서 나누어진다.

가령 같은 곳에서 같은 일에 종사하는 두 사람이 있다고 가정해보자. 이 두 사람은 대개 비슷한 재산과 지위를 가졌음에도 불구하고 한 사람은 행복한 반면, 다른 한 사람은 불행한 경우가 가끔 있다. 왜 이런 현상이 일어날까? 그것은 두 사람의 마음의 태도가 다르기 때문이다.

아침에 일어나면 크게 심호흡을 하라. 그리고 집을 나서면 마음껏 햇볕을 받아들여라. 그리고 친구나 동료는 만날 때마다 웃음으로 맞아들여라.

오해받을 걱정 같은 쓸데없는 생각으로 단 1분의 시간도 낭비해서는 안 된다. 하고 싶다는 마음 속에서 꼭 하고야 말겠다는 다짐을 하라. 그리고 한 번 마음 먹은 일은 꾸준히 노력하고 목표를 향해 쉬지 말고 돌진하라. 크고 훌륭한 일을 이룩하겠다는 큰 포부를 늘 지니고 노력해야 한다. 그러면 언젠가는 그 목표를 달성할 수 있는 기회가 스스로 올 것이다. 또한 유능하고 착실하게 남에게 도움이 되는 인물이 되도록 노력하라. 늘 그렇게 되고자 한다면 자신도 모르는 사이에 그런 인물이 되어 있을 것이다.

마음의 힘이란 대단히 위대한 것이다. 올바른 마음의 자세, 즉 용기, 솔직함, 명랑함을 늘 지니고 있어야 한다. 바른 마음의 태도는 뛰어난 창조력을 수반한다.

사람의 일이란 자신이 마음먹은 대로 되는 것이다. 턱을 당기고 머리를 똑바로 세워라. 바른 자세로 세상을 향해 씩씩하게 걸어나가라. 당신은 할 수 있다고 스스로를 다짐하는 그 의지만으로 성공의 첫걸음을 디디고 있는 것이다.

09. 서두르지 않는 여유를 가져라

일을 서두르는 2030에게

지적인 인간은 서두르는 일은 있어도 당황하는 일은 없다. 당황하면 일을 그르친다는 것을 알고 있기 때문이다. 따라서 서둘러 일을 완성시키고자 할 때에는 서두름으로써 일이 아무렇게나 되지 않도록 항상 마음을 쓰고 있는 법이다.

소심한 자가 당황하는 것은 주어진 일이 힘에 부친다고 생각했을 때다. 자신의 힘으로는 어렵고 곤란하다고 생각해서 몹시 당황하여 이리저리 뛰어다니며 고민을 하고, 결국은 혼란에 빠져서 무엇이 어떻게 진행되고 있는 것인지 알 수 없게 된다. 이것저것 모든 일을 한꺼번에 해치워 버리려고 하기 때문에 어느 것에도 손을 댈 수 없게 되는 것이다.

그런 점에서 분별이 있는 사람은 다르다. 손을 대려고 하는 일을 완전히 끝마치는 데 필요한 시간을 미리 정해 놓고, 서두를 때도 한 가지 일에만 집중적으로 매달려 서둘러 완성시킨다. 그리고 즉시 다음 일에 전념하는 것이다. 즉, 서두르더라도 항상 냉정하고 침착하여 당황하는 일이 없고, 하나의 일을 끝마치기 전에는 다음 일에 손을 대지 않는 것이다.

당신도 여러 가지로 할 일이 많아 시간을 충분히 낼 수 없다는 것은 잘 알고 있다. 그렇지만 모든 것을 철저하게 하지 못할 바에는 절반은 완벽하게 처리하고 나머지 절반은 손을 대지 않은 채로 그냥 내버려두는 편이 훨씬 낫다. 그리고 교양 없는 사람들과 다를 바 없는 형편없는 글을 쓰는 어리석음, 그런 품위 없는 짓을 해서 몇 초간의 시간을 벌었다고 해도 그 시간은 아무 짝에도 쓸모가 없다는 것을 명심해라.

제 6장

필립 체스터필드의

진정한 친구는
인생의 가장 큰 자산이다

자기 자신을 발전시키고 이끌어 주는 친구를
어떻게 찾아내며 어떻게 사귈 것인가?

시간은 잠시도 쉬지 않는다.
때문에 설혹 늦었다고 해서 주춤하고 시간을 흘려보내지 말라.
그럴수록 시간은 자꾸만 흘러만 간다.
앙리 드레니에

01. 친구는 자신의 인격을 비추는 거울이다
진실한 친구를 사귀려는 2030에게

일반적으로 친구들 사이에서 어려운 부탁을 받으면 여간해서 싫다고 거절하지 못한다. 싫다고 거절하면 자신의 능력이 부족하다는 생각이 들기도 하고, 친구에게 미안하다는 기분도 들기 때문이다. 또한 거절함으로 해서 친구들에게 따돌림을 받고 싶지 않다는 생각도 있을 것이다. 그러나 그런 생각 자체는 나쁜 것은 아니다. 친구의 기분을 맞춰 주기 위해, 무조건 도움을 주는 것은 좋은 결과를 낳을 수도 있지만, 그렇지 않은, 나쁜 결과도 가져올 수 있기 때문이다.

세상에는 여러 부류의 사람이 있을 것이다. 물론 그런 사람들 모두와 친해지고 친구가 될 수 있다는 생각은 잘못된 생각이다. 그것은 자만심이며, 참다운 우정이란 그렇게 간단히 손에 넣을 수 있는 것이 아니다. 오랜 시간을 두고 서로를 알고 진실로 이해해야만 참다운 우정이라 할 수 있을 것이다.

여기서 한 가지 충고해 주고 싶은 것은, 친구와 놀이 동료와는 다르다는 것이다. 함께 있으면 즐겁다고 해서 반드시 좋은 친구라고는 할 수 없다. 아니 오히려 친구로서는 적합하지 않은 인물이고 쓸모가 없는 인물인 경우가 많다.

어떠한 친구를 사귀고 있느냐에 따라 그 사람의 인격이 어느 정도 결정되어 진다고 해도 과언이 아니다. 스페인 속담 중에는 이것을 정확하게 꼬집어 표현한 말이 있다.

누구와 살고 있는지 가르쳐 다오.
그리하면
네가 어떤 인간인지 맞춰 보겠다.

부도덕한 자나 어리석은 자를 친구로 두고 있는 사람은, 혹시 그 사람도 불량한 행동을 하고 있는 것은 아닌가, 숨겨 두고 있는 좋지 못한 비밀 같은 것이 있는 게 아닌가 하고 의심을 받게 된다.

그러나 여기서 주의하지 않으면 안 될 것은 부도덕한 인간과 어리석은 인간이 접근해 온 경우, 상대방이 눈치채지 못하게 몸을 피하는 것이 당연하다 하더라도 필요 이상으로 쌀쌀하게 대해 적을 만들어서는 안 된다는 것이다. 친구가 될 수 없는 사람은 수없이 많겠지만, 그들을 적으로 만드는 것은 현명하지 못한 일이다.

악행이나 어리석은 행동은 미워하지만 개인적으로 적대하지 않도록 하라. 일단 그들에게 적의를 품게 하면 큰일이다. 그들을 친구가 아닌 적으로 만들게 되면 본의 아니게 피해를 입을 수도 있다.

중요한 것은 상대방이 누구든 간에 말해서 좋은 것과 좋지 않은 것을 분별하고, 자신을 억제하는 일이다. 분별을 하고 있는 것처럼 행동하는 것은 가장 나쁘다. 상대방에게 불쾌감을 주며, 그것이 사실은 그렇지 않다고 하는 경우에 오히려 상대를 더욱 화나게 만들어 버린다.

진정한 의미에서 사물을 분별하고 있는 사람은 드물다. 대개는 하찮은 것에 마음을 빼앗기고 입을 굳게 닫아 버리거나, 반대로 자기가 알고 있는 것과 생각하고 있는 것을 남김없이 털어놓아 적을 만드는 것이다.

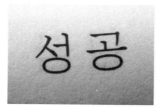

02. 친구에 따라 자신의 인격이 결정된다
좋은 친구가 없는 2030에게

사람이 올바르게 '행동'하는 데 있어서 도움이 되는 것과 방해가 되는 것에 대해 생각해 보도록 하자. 어떤 친구를 사귀느냐 하는 것은 청소년들에게는 가장 중요한 시기다. 청소년들이 '불량해지는 것'은 십중팔구 사귀고 있는 친구들 탓인 경우가 많다. 반대로 친구들에 의해 선도 되는 경우도 있다.

친구에게서 이와 같은 영향을 받는 것은 인간이 주위 사람들이 하는 대로 자기도 그 사람들의 행동을 모방하는 동물이기 때문이다.

인간의 모방성은 원시사회로부터 현대사회까지의 세계 발전에 크게 공헌해 왔다. 직접적인 방법으로 배운 것밖에 익히지 못한다면 대단한 것은 익힐 수가 없다. 모방의 교육적 효과는 자기 주위 사람들이 하는 것을 보고 똑같이 하려고 하는 점에 있다.

이와 같은 교육은 많든 적든 일생동안 계속되는 것이기 때문에 미개 사회의 사람들은 문명 사회의 생활 방법을 모방함으로써 발전해 온 것이다. 이것을 생각하면 모방하려고 하는 것은 아주 자연스러운 것이다. 다음에 그것을 증명하는 예를 몇 가지 들어 보자.

인간은 자기가 생각하고 있는 것을 행동으로 옮기거나 이야기하거나 한다. 누군가를 때리고 싶다는 생각을 하고 있으면 실제로 때리고 마는 경향이 있다. 그러나 반드시 실행에 옮기지 않는 것은 그에 따른 여러 가지부작용도 생각하기 때문이다. 그런 행동을 하면 부모나 선생님의 꾸중을 듣게 될 것이라든가 상대도 반격해 오겠지 하는 등 여러 가지를 상상한다. 상대를 염려하는 마음이 생길 수도 있을 것이고, 사람을 때리는 것은 비열하다는 생각을 할지도 모른다. 이와 같은 여러 가지를 순간적으로 모두 잊고 상대를 때리고 싶은 기분과 때린다고 하는 행위 밖에는 생각지 못하게 되었을 때는 실제로 때리는 행위를 할 것이다.

무엇인가 말을 하지 않으면 안 될 때에는 똑 같은 입장에 있을 때의 다른 사람들이 어떻게 말하고 있었는가가 자연히 떠오르게 되고 비슷한 식으로 말을 하게 되기도 한다. 거친 말투를 쓰는 그러한 무리들 하고만 사귀고 있는 아이들을 예를 들어보자.

그가 화가 난다거나 불쾌한 일이 있을 때 우선 제일 먼저 머리에 떠올리는 것은 평소 동료들이 사용하던 말버릇이다. 따라서 자기도 그와 똑 같은 말을 사용하게 되는 것이다. 천하고 거친 말도 처음 들을 때는 불쾌하게 느끼고 쇼크를 받겠지만, 듣는 데 익숙해지다 보면 그런 불쾌감은 어느 정도 아니면 완전히 없어진다. 그러한 말이 머리에 떠올랐을 때 그것을 억제할 만한 감정은 거의 약해져 있다.

갖가지 말이나 행동에 대해서도 그와 다를 바 없다. 문법에 어긋난 말만 쓰고 있는 사람들 속에서 지내고 있으면 문법적으로 올바른 말을 계속 사용하기가 곤란해진다. 이런 점에서도 인간은 자기가 사귀고 있는 동료를 모방하는 경향이 있다는 것을 알 수 있다.

최면술이란 것은 시술자에 의해 최면 상태에 빠져 시술자가 암시하는 것만을 말하거나 보거나 혹은 생각하거나 하게 되는 것을 말한다. 시술자가 방안에 소가 있다고 말하면, 최면술에 걸린 사람은 방안에 있는 소가 보이고, 아마도 그 소를 밖으로 내 쫓으려고 기를 쓰게 될 것이다.

앞에서 말한 바와 같이, 동료의 영향을 받고 있는 것은 조금 과장해서 말하면 이 최면술에 걸려 있는 상태와 다를 바 없는 것이다. 최면술에 걸려 있을 때 받는 암시에는 앞에서 말한 바와 같은 힘이 있다. 그것은 머리 속이 그 암시로 가득 차 있기 때문이다. 보통의 친구들로부터 주어지는 말이나 행동을 통한 암시에도 최면술과 같은 영향력이 있다.

친구들의 영향력은 최면술과 같은 큰 지배력은 없다. 그것은 최면술에 걸려 있을 때와는 달리 보통 상태에서는 친구들 외에도 각양각색의 영향력도 작용하고 있기 때문이다. 그런데 악습에 물든 젊은이들은 최면술에 걸렸을 때와 아주 똑 같은 상태로 친구의 영향력에 의해 좌우되고 있는 경우가 있다. 친구의 영향으로 인해 몸에 배고, 익숙해져 습관으로 발전하는 것에는 여러 가지가 있다. 경박한 언동, 배려하는 마음 없는 세상이야기 등, 자기의 품성을 깎아내리는 그런 언동이 그것이다. 좋은 친구는 좋은 생활 습관과 사고 방식을 느끼는데 있어서 도움이 되지만, 나쁜 친구는 반대로 방해가 된다.

교우 관계가 이만큼 결정적인 영향을 주는 것이라면, 친구를 잘 선택함으로써 자기의 인생을 바른 방향으로 이끌어 나갈 수 있는 것이다. 자기 자신도 친구에게 영향을 줄 수 있다는 것을 잊어서는 안 된다. 친구가 나와 사귐으로써 나빠지는 일이 있어서는 안 된다는 것을 유념하지 않으면 안 되는 것이다. 친구의 인품을 손상시키는 것은 이 세상에서 제일 나쁜 것이다.

03. 어떤 친구가 자신에게 이로운가
친구 사귀는 방법을 모르는 2030에게

친구에 대한 이야기는 이 정도로 해두고 다음에는 어떤 사람과 교제하느냐에 대해 이야기를 해보기로 하자.

우선 가능하다면 자기보다 뛰어난 사람들과 교제를 하도록 노력해야 한다. 자신보다 뛰어난 사람들과 교제하면 자기도 그 사람들과 같은 사람이 된다. 반대로 자기보다 낮은 수준의 사람과 사귀면 자기도 그 정도의 사람이 되어 버린다.

앞에서도 말한 것처럼 인간은 사귀는 상대에 따라서 어떻게든 변할 수 있는 것이다.

여기서 '훌륭한 사람들'이라고 내가 이야기하는 것은 가문이 훌륭하다거나 지위가 높다는 의미가 아니다. 의식이 있는 사람들, 즉 세상 사람들 대부분의 인격적으로 훌륭하다고 생각하는 사람들을 말한다.

'훌륭한 사람들'은 대략 두 종류가 있다. 사회에서 주도적인 입장을 차지하고 있는 사람, 사교장에서 화려한 활동을 펼치고 있는 사람 등 사회적으로 우수한 사람들과 특수한 재능이나 특징이 있는 사람, 특정 분야의 학문이나 예술에 뛰어난 사람 등, 한 가지 분야에서 우수한 사람들이다.

그렇다고 해서 자기 자신이 그렇게 생각하고 있어서는 안 된다. 그 주변 사람들이 모두 '훌륭하다'고 인정하고 그렇게 부르는 사람이어야 한다. 거기에 몇 사람 정도의 예외적 인물이 있는 것은 상관없다. 아니 오히려 그 편이 더 바람직하다.

교제하는 데 적합한 그룹이라는 것은, 실제로는 단순히 뻔뻔스러움만으로 한패로 끼거나 어떤 중요한 인물로부터의 소개로 억지로 들어오는 식의 각종 잡다한 인간이 있는 집단일지도 모른다. 인격을 갖추고 도덕관을 가진 사람을 관찰하는 것은 즐거운 일이며, 또한 유익한 것이기도 하다.

그러한 의미에서 말한다면, 신분이 높은 사람들만의 모임은 그 지방 사회에서 훌륭하다고 인정받고 있지 못하는 한 바람직하다고는 할 수 없다. 신분이 아무리 높아도 머리가 텅 빈 사람, 상식적인 예절도 모르는 사람, 아무 데도 쓸모 없는 사람이 있기 때문이다.

학식이 풍부한 인간만이 모인 그룹도 그러하다. 세상에서 정중한 대우를 받거나 존경받는 것은 확실하지만, 교제하는데 적합한 그룹이라고는 말하기 어렵다. 앞에서도 자세히 말했듯이 그들은 마음 편하게 행동할 줄을 모른다. 그들은 학문밖에 모르기 때문에 세상 물정을 잘 모른다.

반면에 재치가 넘치는 인물이나 시인은 대부분의 사람들이 함께 있고 싶어하고, 열중하게 되는 상대가 아닐까 생각된다.

자신도 재치가 있으면 대단히 즐거울 것이고, 그것이 없는 사람은 그들과 교제하고 있는 것을 자랑으로 느낄 것이다. 하지만 그런 재치가 넘치는 매력적인 인물과 교제하는 경우에도 깊이 빠져들어서는 안 된다. 판단력을 잃지 않고 적당한 거리를 두고서 교제하는 편이 좋다.

재치라는 것은 남에게 그다지 쉽게 받아들여지는 것은 아니다. 가끔 공포심을 일으키게 하는 경우도 있다. 일반적으로 주위에 사람의 눈이 있을 때는 사람들은 날카로운 면이 있는 재치를 두려워하는 법이다. 그것은 여성들이 총을 보고 두려워하는 것과 비슷하다. 저절로 안전 장치가 풀려서 탄환이 자기를 목표로 날아오는 것이 아닐까 하고 생각하는 것이다.

그렇지만 이러한 사람들과 알고 친하게 지내는 것은 그 나름대로 의미 있는 일이고 즐거운 일이다. 다만 한 가지 주의해야 할 것은 아무리 매력이 넘친다 하더라도 다른 사람들과 교제하는 것을 모두 중지하고 그 사람들하고만 교제하는 것은 문제가 있다고 생각한다.

사람을 사귀는 것에 있어서 또한 주의해야 할 점이 있다. 무슨 일이 있어도 피해야 할 것은 수준이 낮은 사람들과 교제하는 일이다. 인격적으로 정도가 낮고, 덕이 모자라고 지적 수준이 낮고, 사회적 위치도 낮은 사람과 자기가 내세울 만한 것은 아무 것도 없고 나와 교제하고 있는 것만을 자랑으로 삼고 있는 사람들이다. 그러한 사람은 당신을 붙잡아 두기 위해 당신의 결점까지 일일이 칭찬할 것이다. 그러한 사람들과는 절대로 사귀어서는 안 된다.

여기서 가장 문제가 되는 것은 허영심이다. 허영심 때문에 인간은 악한 일을 수없이 하고 어리석은 행동을 거듭하게 된다. 그리고 자기보다 정도가 낮은 사람들과 교제하는 것도 바로 이 허영심이 이끌기 때문이다. 인간은 그룹 내에서 첫째가 되기를 바란다. 동료들로부터 칭찬 받고 싶고, 존경받고 싶고, 마음대로 동료들을 조종하고 싶다고 생각하는 법이다.

그런 유치한 칭찬의 소리를 듣고 싶어서 수준이 낮은 사람들과 교제를 하는 것이다. 당신은 어떤 결과가 나오리라 생각하는가? 머지않아 자신도 그 사람들과 똑 같은 수준이 되어서 더욱 훌륭한 사람들과 사귀려고 해도 능력이 미치지 못하게 된다.

　　되풀이해서 말하지만, 사람은 교제하는 상대와 같은 수준까지 올라가기도 하고 내려가기도 한다. 당신은 바로 교제하는 상대에 따라 평가되는 것이다.

04. 교제에 임하는 마음가짐
용기가 필요한 2030에게

나는 지금도 내가 처음 사교장에 나가서 훌륭한 사람들을 소개받았을 때의 일을 똑똑히 기억하고 있다. 아직 케임브리지의 학생 티를 벗지 못했던 나는, 저명한 어른들을 눈앞에서 직접보고 눈이 부시고 두려운 마음에 몸을 움츠리고 그 자리에 얼어붙어 있었다. 우아하게 행동해야 한다고 자신에게 타일러 보았지만, 몸이 얼어붙어서 누가 말을 걸어와도 내가 말을 걸려고 해도 손도, 발도, 머리도, 입도 말을 듣지 않았다.

귓속말로 무엇인가 속삭이고 있는 사람들이 내 눈에 들어오면 내 이야기를 하고 있다고 생각하고, 그 자리에 있는 사람들 모두가 나를 손가락질하고, 업신여기고, 비판하고 있다고 생각했다. 다시 생각해 보면 나 같은 풋내기 따위에게 눈길 한번 줄 사람도 있을 리가 없는데 말이다.

나는 한동안 마치 감옥에 들어가 있는 죄수와 같은 심정으로 그 자리에 있었다. 만일 눈앞에 있는 사람들과 교제하여 자신을 갈고 닦겠다는 강한 결의와 의지가 없었다면 그 자리에서 슬그머니 도망쳐 나왔을 것이다. 하지만 나는 끝까지 그 자리에 눌러 있었다. 무슨 일이 있더라도 그 자리에 어울리지 않으면 안 된다고 생각했다.

그렇게 생각하고 나니 조금은 마음이 편안해지는 것 같았다. 더 이상 조금 전과 같은 보기 흉한 행동은 하지 않았다.

누가 말을 걸어와도 더듬거리지 않고도 대답할 수 있게 되었다.

때로는 내가 곤혹스러워하는 모습을 본 사람들이 잠시 틈이 나면 내 곁으로 와 말을 걸어 주었다. 나는 '천사가 나를 위로하고 나에게 용기를 북돋아 주려고 온 것이다'라고 생각했다.

그래서 용기가 조금씩 나기 시작했다. 나는 품위가 있어 보이는 부인 곁으로 다가가서 용기를 내어, "오늘은 좋은 날씨로군요." 하고 말을 걸었다. 그 부인은 매우 정중하게 "나는 그렇게 생각해요"라고 대답해 주었다. 그것으로 대화가 끊어졌다. 나로서는 계속할 말을 찾아낼 수가 없었다. 그때 그 부인이 다시 한번 입을 열었다.

"너무 긴장할 것 없어요. 지금도 나에게 말을 거는데 많은 용기가 필요하셨던 것 같은데……, 하지만 그렇다고 해서 이곳에 계시는 분들과의 교제를 단념할 생각을 해서는 안 됩니다. 다른 분들도 알고 계세요. 당신이 어울리려고 노력하고 있다는 것을, 그 마음이 중요합니다. 그 다음에는 방법을 몸에 익히는 것뿐이에요. 당신은 자신이 생각하고 있는 것만큼 서투른 분은 아닙니다. 수업을 쌓으면 머지않아 훌륭하게 하실 수 있어요. 제 곁에서 수업을 하고 싶다면 나의 애제자로 삼아 친구들에게 소개해 드릴 수도 있어요……. 나는 두 세 번 헛기침을 하고 입을 열었다. 그렇게 하지 않고서는 목구멍에 뭔가가 걸린 것 같아서 목소리를 낼 수 없었다.

"말씀 정말 감사합니다. 제가 저의 행동에 자신감을 갖지 못하는 데는 이유가 있습니다. 그것은 훌륭한 분들과 교제하는데 익숙하지 않기 때문입니다. 그러나 선생님이 되어 주시겠다면 기꺼이 기쁜 마음으로 제자가 되겠습니다."

나의 더듬거리는 말이 채 끝나기도 전에 그 부인은 3, 4명을 불러모아 놓고 이렇게 말했다.

"여러분, 내가 이 젊은 분의 교육을 맡게 됐어요. 이 분도 그것을 매우 기뻐하고 계십니다. 이 분은 틀림없이 내가 마음에 드셨던 모양입니다. 그렇지 않다면 내 곁으로 와서 몸을 떨면서도 용기를 발휘해 '오늘은 좋은 날씨로군요.' 하고 말을 걸지 않았을 거예요. 여러분도 도와주세요. 우리 이 젊은 분을 세련된 분으로 만들어 드리죠. 이 분에게는 본보기가 필요합니다. 만일 내가 적절하지 못하다고 생각하신다면 다른 분을 찾으시겠지요. 하지만 그렇다고 해서 오페라 가수나 여배우 따위를 골라서는 안 됩니다. 그런 사람들과 함께 어울리면 세련되기는커녕 재산도 건강도 잃고, 결국은 사고 방식까지 거칠어져 타락할 뿐이니까요."

뜻밖의 강의를 듣고 그 자리에 있던 3, 4명이 웃었고, 나는 어리둥절한 표정으로 묵묵히 서 있었다. 그 부인이 진심으로 말하는 것인지 그렇지 않으면 나를 놀리는 것인지 도무지 알 수가 없었다. 나는 한편으론 기쁘기도 하고 부럽기도 했으나, 또 한편으론 용기를 얻기도 하고 실망도 하면서 듣고 있었다.

나중에 알게 된 일이지만, 이 부인도, 그리고 이 부인이 소개해준 사람들도 손님들 앞에서 나를 정말로 친절하게 감싸주었다. 나는 점점 자신감이 붙기 시작했다. 우아하게 행동하는 것이 이제는 부끄럽지 않게 되었다. 좋은 본보기를 발견하면서 열심히 그들을 흉내낼 수 있게 되었고, 마침내는 거기에 내 나름대로의 방법을 가미할 수 있게 되었다.

05. 사람을 '있는 그대로' 평가하라
사회 경험이 부족한 2030에게

아직 삶의 경험이 적은 젊은 사람은 인간이든 사물이든 자신에게 보여지는 외면에 대하여 과대 평가하기 쉬운 면이 있다. 그것은 그 대상물에 대한 본질을 잘 모르기 때문이다. 하지만 그 대상물에 대한 사실을 알게 될수록 그것에 대한 평가는 점점 떨어지게 마련이다.

인간은 당신이 생각하고 있는 것만큼 이지적이고 이성적인 동물이 아니다. 감정에 지배받고 쉽게 무너져 버리는 나약함을 동시에 가지고 있다.

일반적으로 유능하다고 알려진 사람이라도 절대적으로 유능한 것이 아니라는 것은 당신도 잘 알고 있을 것이다. 그래도 여전히 '유능하다'고 인정받는 것은 다른 사람과 비교해서 일반 사람들보다 결점이 적다는 상대적인 이유만으로 '유능하다'고 평가되고 있는 것에 불과한 것이다.

그들에게 배울 수 있는 점은 우선 그들은 자신을 절제하고 억제할 수 있는 능력을 가지고 있어, 자신의 결점을 줄임으로써 나머지 대다수 사람들보다 앞에 나서서 다른 사람들을 이끌어 갈 수 있다. 그리고 그들이 다른 일반 사람들을 대할 때는 이성에 호소해 상대방을 다루는 것 같은 어리석은 행동은 하지 않는다. 감정이나 감각 등 다루기 쉬운 면을 교묘하게 이용한다. 그러기 때문에 실패하는 일이 거의 없다. 이런 점이 그들을 다른 사람보다 '유능하다' 라고 평가하는 점이다.

하지만 다시 멀리서 자세히 생각해 보면, 사람들이 위대하다거나 완벽하다고 생각하고 있던 사람들에게도 결점이 없었던 것은 아니다.

당신 자신의 눈으로 인간이란 어떠한 것인가를 알게 되기까지는 라로슈푸코의 격언집을 읽어보는 것도 좋다. 그 격언집만큼 인간에 대하여 많은 것을 가르쳐 주는 책도 없을 것이다.

이 작은 책을 하루 중 몇 분이라도 좋으니 매일 읽어보도록 하라. 아마도 이 책만큼 인간을 있는 그대로의 모습으로 정확하게 파악하고 있는 책도 없으리라 생각된다.

이 책을 읽으면 당신도 인간을 필요 이상으로 과대 평가하는 일은 없게 될 것이다. 그렇다고 해서 인간을 부당하게 과소 평가하고 있는 책이 아니라는 것은 내가 보증한다.

젊은이들은 언제나 힘이 넘쳐흐르고 있다. 적절하게 통제해 주지 않으면, 그 넘치는 힘을 주체할 길이 없어 고삐 풀린 망아지처럼 이리저리 뛰어다니다 올바른 방향을 잃고 젊음을 허비할 수도 있다. 하지만 이 무모한 젊음도 비난만 받게 되는 것은 아니다. 거기에 신중함과 침착성만 곁들이면 사람들로부터 환영을 받을 때도 있다. 그러니까 젊은이 특유의 들뜬 기분은 접어 두고 젊은이다운 명랑함과 쾌활한 마음을 가지고 당당하게 사람들 속으로 들어가야 한다. 젊은이의 들뜬 기분은 상대방을 화나게 하는 일도 있지만, 발랄하고 힘찬 모습은 사람의 마음을 매료시킨다. 될 수 있으면 미리 앞으로 만날 사람들의 성격이나 지금 어떠한 상황에 놓여 있는 가를 알아두는 것이 좋다. 그렇게 하면 닥치는 대로 이것저것 상상하면서 말을 하지 않아도 되니까 말이다.

당신이 알게 될 사람들 중에는 마음씨가 좋은 사람도 많겠지만 좋지 않은 사람도 있을 것이다. 그러한 사람에 대해서는 그 자리에 있는, 거의 대부분의 사람들에게 적용되는 장점을 칭찬해주거나 단점을 옹호해 주면 좋다. 그렇게 하면 그것이 아무리 일반적인 것이라 하더라도 자기 자신을 향한 말이라고 생각해 기뻐할 것이 틀림없다.

사람은 누구나 자기보다 뛰어난 사람들과 함께 있으면 언제나 자신의 처지가 작아지는 듯한 주목의 대상이 되고 있는 기분이 드는 법이다. 사람들이 작은 소리로 무엇인가 속삭이면 자기 자신에 관한 말이라 생각되고, 웃고 있으면 자기를 비웃는다고 여기는가 하면, 무엇인지 분명한 의미를 알 수 없는 말이 나오면, 그것을 억지로 자신에게 적용시켜 그럴 듯한 말처럼 믿어 분명히 자기를 두고 하는 말이라고 생각해 버린다.

하지만 이러한 경험도 당신에게는 살아가는데 많은 도움을 줄 것이다. 실패와 좌절은 다시 일어나 도전할 수 있는 용기를 부여하기 때문이다. 어쨌든 훌륭한 사람들 속으로 들어가 실패를 거듭하고 좌절감을 실컷 맛보는 가운데 점점 성숙된 태도를 몸에 익히게 될 것이다.

남성이든, 여성이든 상관없다. 당신이 가장 친하게 지내고 있는 사람들에게 이렇게 말을 해 두라.

"내가 아직 젊고 경험이 부족하여 무례한 행동을 할 때가 있는데, 그런 때마다 주저하지 말고 지적을 해 달라. 지적을 해 주는 것을 진정한 우정의 증거로 생각하고 고맙게 느낄 것이다."

이와 같은 마음을 숨기지 않고 이야기해라. 상대방에게 도움을 청하고 감사하는 마음을 잊지 않으면, 지적해 준 사람도 기분 좋게 생각해서 다른 사람들에게도 그 이야기를 하여 당신에게 힘이 되어 주도록 부탁할 것이다. 그렇게 하면 많은 사람들이 친근감을 갖고 당신의 무례한 행위와 부적절한 대응을 충고해 주게 된다. 그리고 당신은 서서히 마음도 몸도 자유로워지고 이야기 상대에 맞춰서 카멜레온처럼 자유자재로 변화있게 행동할 수 있을 것이다.

06. '허영심'을 '향상심'으로 승화시켜라
향상심이 없는 2030에게

허영심을 한 마디로 풀이하면 다른 사람들에게 칭찬을 받고 싶어 하는 마음이라고 이야기 할 수 있다. 이러한 허영심은 누구나 가지고 있는 인간 본능일 것이다. 우리는 이런 마음이 부풀어올라 어리석은 언행이라 범죄 행위를 저지르는 경우도 가끔 볼 수 있다. 그러나 대개의 경우 남에게 칭찬을 받고 싶어하는 마음은 자신을 개발하고 발전시킬 수 있는 향상심(向上心)을 유발한다고 생각한다.

물론 그렇게 되게 위해서는 그것에 상응하는 깊은 사색과 올바른 행동이 없으면 안 되겠지만, 결과적으로 본다면 허영심을 잘 조절해서 자신의 발전에 도움이 되도록 한다면 훌륭한 마음가짐이 되리라 생각한다.

다른 사람으로부터 인정받고 싶다거나 칭찬 받고 싶다는 마음이 없다면, 우리는 무슨 일이든 무관심해지고 아무 것도 하고 싶지 않은 마음이 들게 된다. 그리고 실제로 아무 것도 하지 않게 된다. 그렇게 되면 자기가 가지고 있는 힘을 제대로 발휘할 수 없다. 그러나 허영심이 강한 사람은 다르다. 자신의 능력 이상으로 보여주려고 열심히 노력한다.

나도 다른 사람들이 약점이라고 말하는 허영심을 많이 가지고 있다. 그러나 나는 그것을 나쁘게 생각해 본적은 없었다. 오히려 허영심이 있었기에 지금의 내가 있었다고 생각하고 있다. 만일 사람들이 지금의 나에게 칭찬을 해주고 있다면 그것은 나의 허영심이 나를 그렇게 만들었다고 생각된다.

나는 출세하고자 하는 강한 욕망을 늘 가슴에 품고 살아왔다. 어떤 일이 있어도 사람들로부터 인정을 받아야 하고, 칭찬을 듣고 신망을 얻어야 한다는, 남달리 뜨거운 욕망을 가슴에 품고 사회에 첫발을 내딛은 것이다. 그 때문에 비록 어리석은 행동을 저지른 경우도 있었지만 대부분의 경우는 다른 사람들로부터 인정받도록 행동해 왔다.

예를 들면 남성들만 모여 있을 때, 나는 누구보다도 훌륭하게 되겠다, 적어도 그곳에서 가장 뛰어난 사람과 똑같이 훌륭하게 되겠다는 다짐을 하곤 했었다. 그런 의욕이 나의 잠재능력을 끌어내어 첫째가 되지 않더라도 둘째, 셋째는 될 수 있었던 것이다. 이윽고 나는 여러 사람들로부터 주목의 대상, 중심적 존재가 되었다. 사람들은 일단 어느 정도 위치를 차지하게 되면 그 사람이 하는 일마다 모두 옳다고 생각되는 법이다. 나의 경우도 그러했다. 내가 하는 행동이나 말투가 유행되고, 모두가 한결같이 나를 본받고 따르려는 것을 보는 것은 정말 즐거운 경험이었다. 나는 남녀를 불문하고 어떤 모임이든 반드시 초청되었고, 그 모임의 분위기를 어느 정도 이끌게 된 것이다.

남성을 대할 때, 나는 상대방을 만족시키기 위하여 프로테우스[17]로 변

---

17) Proteus 그리스 신화에 나오는 바다의 신. 갖가지 모습으로 변하며, 예언력을 가지고 있다.

신했다. 명랑한 사람들 속에 끼었을 때는 누구보다 명랑하게 행동했으며, 위엄 있는 사람들이 모인 분위기에서는 누구보다도 위엄을 가지고 행동했다. 나는 사람들이 조금이라도 호의를 표현해 준다거나 친구로서 무엇인가를 해주었을 때는 결코 그것을 그대로 지나쳐 버리지 않았다. 그 하나 하나에 마음을 쓰고 감사의 표현을 잊지 않았다.

그렇게 함으로써 상대방은 만족스럽게 생각하게 되었고, 또한 나로서는 그와 친해질 수 있는 계기를 만들 수 있었다. 이렇게 해서 나도 잠깐 사이에 그 지역의 명사를 비롯한 여러 계층의 사람들과 사귀게 되었다.

철학자는 허영심을 '인간이 지닌 천한 마음' 이라고 부르기도 한다. 그러나 나는 그렇게 생각하지 않는다. 허영심이 있었기 때문에 비로소 오늘의 '나' 라고 하는 인격이 형성된 것이라고 나는 생각하고 있다. 그리고 당신에게도 젊은 날의 나와 같은 어느 정도의 허영심이 있었으면 좋겠다고 생각한다. 허영심만큼 인간을 출세시키는 것도 없으니까 말이다.

07. 솔직하게 '감사할 줄 아는' 사람이 되라
사회생활에 자신이 없는 2030에게

다른 나라를 방문하거나, 다른 사람의 집을 찾아가게 되면 그 나라 사람이나 그 집 주인에게 과분한 대접을 받게 될 경우가 있다. 하지만 그런 호의를 맹목적으로 받아들이기만 해서는 안 된다. 그들도 역시 자기네 나라가 사랑 받고 있다거나 자기들의 태도와 습관이 호감을 받고 있다고 느껴지며 기뻐하기 마련이다.

그렇다고 해서 그러한 생각을 일부러 입 밖으로 과장해서 표현하라는 말은 아니다. 그렇게 하는 것도 나쁘지는 않지만, 그러한 마음은 진실하게 우러나는 태도만으로도 충분히 전달될 수 있는 것이다. 그래서 나는 환대를 받게 되면, 자신이 받는 만큼의 사례를 해도 좋으리라 생각한다. 나 역시 만일 아프리카로 갈 일이 생겨서 그곳에서 환영을 받는다면 상대가 누구이던 간에 환영받은 만큼 감사의 표현을 충분히 할 수 있으리라 생각된다.

많은 사람들이 외국에서 생활하면서도 그 나라를 제대로 이해하지 못하는 경우가 있다. 이는 그 나라 언어를 정확히 배우지 못하고, 그 나라 사람들과 깊게 사귀지 못했기 때문이다.

한 나라를 제대로 이해하기 위해서는 그 나라의 문화에 익숙해야 하며 그 첫 단계가 그 나라의 언어다.

그렇게 하기 위해서는 몸소 체험해야 한다. 겁쟁이가 되어서는 안 된다. 당신은 상대가 남성이든 여성이든 만나는 모든 사람에게서 배워야 한다. 모르는 사람과의 만남을 겁내거나 자신 없어 한다면 당신이 원하는 수준의 배움은 얻지 못할 것이다. 어떠한 일을 하더라도 본인 스스로 '할 수 없다' 라고 생각한다면 결코 성공할 수 없다. '일단 해보자' 고 마음먹고 노력하여, '할 수 있다' 고 자신을 스스로 독려한다면 어떻게 든 이루어 낼 수 있는 것이다.

당신도 가끔은 남보다 뛰어났다고도 할 수 없고, 교양도 높지 않은데도 쾌활하고, 적극적이고, 강한 끈기만 가지고 높은 자리까지 출세한 사람들을 본 적이 있을 것이다.

그런 사람들은 어떤 곤란에 처해서도 좌절하는 일이 없다. 두 번, 세 번 실패를 거듭하더라도 다시 일어나 돌진한다. 그리고 결국에는 성공한다.

당신도 그것을 본받아야 한다. 당신의 인격과 교양을 가지고 도전한다면 훨씬 빠르게, 훨씬 확실하게 목표에 도달할 것이다. 당신에게는 그런 능력이 있다. 자신을 갖고 믿음을 가져라.

현재 사회에서는 재능이 있어야 한다는 것이 중요한 전제가 되지만, 그것과 더불어 자기 생각을 확고하게 정립하고 그것을 타인 앞에서 불필요하게 드러내지 않으며, 확고한 의지와 불굴의 끈기가 있다면 두려울 것이 없을 것이다. 일부러 불가능에 도전할 필요는 없지만, 가능한 일이라면 수단과 방법을 모두 동원하여 도전한다면 성공할 수 있을 것이다. 한 가지 방법으로 실패하면 또 다른 방법을 시도하면서 대상에 알맞은 방법을 찾아내면 될 것이다.

　역사를 공부하면 위와 같은 사례를 많이 접할 수 있을 것이다. 중요한 것은 불가능과 가능을 분별하는 능력이다. 단순히 어렵고 힘든 것뿐이라면, 끝까지 관철시키려고 하는 정신력과 끈기가 있으면 어떻게든 해낼 수 있다. 물론 그에 앞서서 주의력과 집중력이 필요하다는 것은 두말할 필요도 없다.

제 7장

사무엘 스마일즈의
참다운 '인간관계' 의 비결

다른 사람에 대하어 뒤에서 칭찬할 수 있는가
다른 사람에 대한 배려를 자연스럽게 할 수 있는가

시간을 지배할 줄 아는 사람은
인생을 지배할 줄 아는 사람이다.
에션바흐

01. 상대에게 신뢰감을 얻는 방법
말이 너무 많은 2030에게

앞에서 어떠한 사람들과 교제를 해야 하는가에 대하여 이야기를 했으니, 오늘은 그런 사람들과 사귀는 데 있어서, 어떻게 행동하면 되는지를 이야기를 하려고 한다. 이는 오랜 세월에 걸친 체험과 관찰에서 얻어진 결과이기에 다소는 도움이 되리라 생각한다.

우선 제일 먼저 해두고 싶은 말은, 아무리 훌륭한 사람들과 깊은 우호 관계를 맺는다 하더라도 당신에게 상대방을 기쁘게 해주려는 마음의 자세가 없다면 아무 소용이 없다는 점이다.

만일 자기에게 마음을 써준 것이 그렇게 기쁘고 고마웠다면, 당신도 다른 사람에게 친절하게 대해 주어라. 당신이 진심에서 우러나는 마음으로 상대방을 친절하게 대해 준다면 그렇게 해주는 만큼 상대방도 기뻐할 것이다.

이것이 타인과의 교제에 있어서의 대원칙이라고 생각한다. 사람은 사랑하는 사람이나 존경하는 친구에게는 자발적으로 상대방을 염려하고 기쁘게 해주고자 하는 마음이 솟아오르는 법이다. 이러한 마음가짐이 없으면 실제로 남을 기쁘게 해줄 수가 없다. 교제의 원칙은 바로 이와 같이 상대를 생각하는 마음가짐이다. 이런 마음가짐의 토대를 구축한다면, 어떤 말과 행동을 취해야 좋은지를 저절로 알게 된다.

다른 사람을 기쁘게 해주고자 하는 마음은 누구나 가지고 있다. 그러나 교제하면서 실제로 남을 기쁘게 해주는 방법을 실천하는 사람은 드물다. 아무튼 당신은 이러한 방법을 알아두는 것이 좋다. 그렇다고 해서 이렇다 할 특별한 규정이 있는 것은 알지만 한 가지 내가 말할 수 있는 것은, 자기가 받아서 기분이 좋았다면 다른 사람한테도 그렇게 해주라는 것이다.

과연 자신이 어떤 대접을 받았을 때 당신의 마음이 기뻤었는지를 잘 생각해 보고, 그것과 똑같이 다른 사람에게 해주면 된다. 상대방도 틀림없이 기뻐해 줄 것이다.

그렇다고 실제로 상대방을 기쁘게 해주고 좋은 인간 관계를 맺으려면 과연 어떤 일에 유념해야 할 것인가?

우선, 말을 잘 하는 것은 좋은 일이지만 혼자서 계속 지루하게 지껄이는 것은 좋지 않다. 혹시 오랫동안 이야기를 해야 할 일이 생긴다면, 적어도 그것을 듣는 사람으로 하여금 무료함을 느끼지 않도록 말해야 할 것이고, 또 될 수 있으면 그가 즐겁게 들을 수 있도록 유념해야 할 것이다.

하지만 그것도 최소한의 시간으로 압축하는 것이 좋다. 애당초 대화라고 하는 것은 혼자 독점하는 것이 아니다. 당신 혼자서 모든 사람의 몫까지 부담할 필요는 없는 것이다. 특히 각자에게 자기 몫의 지불 능력이 있을 경우, 당신은 당신의 몫만을 지불하면 되는 것이다.

혼자서 시간을 끌며 지루한 말을 늘어놓는 사람을 흔히 보게 되는데,

그런 사람은 모두가 그 장소에 있는 누군가 한 사람 — 그것도 대개는 가장 말수가 적은 사람이나 우연히 자기 옆에 앉게 된 사람을 붙잡고 작은 목소리로 속삭이면서 계속 쉬지 않고 말을 해대고 있다. 이런 것이야말로 예의에 몹시 어긋나는 행동이라고 생각된다. 게다가 이것은 공명정대한 태도라고는 도저히 말할 수 없을 것이다. 대화라고 하는 것은 공동으로 만들어 내는 공공(公共)의 것이기 때문이다.

그러나 반대로 당신이 그러한 몰지각한 사람에게 붙잡혔을 때, 그 상대가 참아 줄 수밖에 없는 상대였다면 어찌할 도리가 없을 것이다. 적어도 겉으로는 그 사람에게 주의를 기울이는 척하면서 꾹 참고 견뎌야 한다. 매정하게 거절해서는 안 된다. 그 사람에게 있어서는 잠자코 귀를 기울여 주는 것만큼 기쁜 일은 없을 테니까. 이야기하고 있는 도중에 등을 돌린다거나 마지못해 듣는 태도를 보이는 것만큼 굴욕적인 것은 없다.

대화의 내용은 될 수 있으면 그곳에 모인 사람들이 좋아할 만 하고, 또한 그와 동시에 도움이 될 만한 화제를 고르는 것이 좋다. 역사 이야기나 문학 이야기, 다른 나라에 관한 이야기 등은 날씨라든가 의상에 관한 이야기 등 많은 사람들이 함께 어울려 이야기 할 수 있는 화제를 선택하는 것이 근거 없는 뜬소문을 늘어놓는 것보다 훨씬 유익하고 즐거운 것이다.

가끔은 가볍고 좀 익살스러운 이야기가 필요할 때도 있다. 이러한 유머와 같은 이야기는 그 내용이 아무런 쓸모도 없는 것이지만, 분야가 다른 여러 부류의 사람들이 모였을 때는 공통의 화제로서 분위기를 이끌어가기 위해 가장 적합할 경우도 있을 수 있다.

특히 협상 같은 것을 할 때, 더 이상 계속하다가는 험악한 분위기로 변할 경우에, 가벼운 이야기는 무거운 분위기를 단숨에 불식해 주는 역할을 한다. 그런 때 재치 있는 화제를 끌어낸다는 것은 조금도 부끄러운 일이 아니다. 자연스럽게 음식에 관한 이야기를 한다거나 포도주의 향기나 제조법 등으로 화제를 돌려본다. 나는 이런 방법이야말로 대단히 세련된 화술이라고 생각된다.

상대방에 따라서 화제를 바꾸라는 말은 이제 새삼스럽게 강조할 필요는 없을 것이다. 배우지 않았다고 해서 언제나 똑 같은 화제를 같은 태도로 끌어낼 정도의 바보는 존재하지 않을 테니까. 정치는 정치가에, 철학은 철학자에 얘기하여야 화제가 된다. 물론 여성에게는 여성에 맞는 적합한 화제가 있을 것이다.

인생 경험이 풍부한 사람이라면 이런 일은 충분히 알고도 남을 일이다. 상대방에 맞춰서 카멜레온처럼 자유자재로 색깔도 바꾸고 화제를 선택해라. 이것은 사악한 태도도 아니고 야비한 태도도 아니다. 말하자면 타인과의 교제에 있어서 없어서는 안 될 윤활유와 같은 것이라고 생각해 주었으면 좋겠다.

당신이 그 모임의 분위기 조성자가 될 필요는 없다. 주변 분위기에 자신을 맞추는 편이 좋다. 그 자리의 분위기를 잘 헤아려서 진지해야 할 때는 진지해지고, 명랑해야 할 때는 명랑해져야 하며, 또 필요하다면 농담을 하는 것이 좋다. 이렇게 하는 것이 바람직한 행동이며, 이것은 많은 사람과 함께 있을 때의 에티켓과 같은 것이다.

자기 자신이 일부러 말하지 않더라도 그 사람이 좋은 인격을 지니고 있다면, 그것은 어떤 대화 속에서도 자연히 스며 나오기 마련이다. 그리고 만약 자신에게 자신감이 없다면, 일부러 자신이 화제를 선택하기보다는 남의 이야기에 묵묵히 맞장구를 쳐주는 편이 오히려 나을 것이다. 될 수 있는 한 의견 대립을 일으킬 만한 이야기는 피하는 것이 좋다. 그렇지 않으면 의견을 달리하는 편에서 순식간에 험악한 분위기로

치닫게 될지도 모르는 일이다.

만약 의견이 대립되어 논쟁이 뜨거워질 기미가 보이면 말을 얼버무리거나 재치를 부려서 그 화제에 종지부를 찍도록 유도해야 한다.

그리고 어떤 일이 있어도 절대로 해서는 안 될 것이 있다. 그것은 제일 먼저 자기 자신에 관해 말을 하는 것이다. 이것은 무슨 일이 있어도 피해야 한다. 아무리 훌륭한 사람이라도 자기 자신의 이야기를 하게 될 때는, 다양한 가면을 쓴 허영심이나 자존심이 무의식중에 작용하게 되어 함께 있는 사람들에게 불쾌감을 줄 수 있기 때문이다.

자기 자신의 이야기를 한다고 해도 그 종류는 여러 가지가 있다. 화제의 흐름과는 전혀 관계도 없는 자기 이야기를 끄집어내고, 결국은 자기 자랑으로 끝내 버리는 사람이 있는데, 이것은 이만저만 실례가 아니다. 또한 보다 교묘하게 자기 이야기를 끌어내는 사람도 있다. 예를 들면, 마치 자기가 터무니없는 비방을 받고 있는 것처럼 행동하며, 그런 일을 부당하다는 듯이 자신의 장점을 늘어놓으면서 자신을 정당화하여 결국은 자랑을 하는 것이다.

마찬가지로, 자기 이야기를 하더라도 조금 부드러운 것 같으면서도 음흉스럽게 자기를 비하시키는 방법을 쓰는 사람도 있다. 이런 것은 더욱 어리석은 짓이다. 우선 자기는 약한 인간이라고 고백한다. 그런 다음에 자신의 불행을 한탄하고, 다른 사람들에게 동정을 바라게 된다. 그러나 그런 식으로 불행을 한탄해도, 주위 사람들은 동정하지도 않고 힘이 되어 주려 하지 않을 것이다. 오히려 곤혹스러워할 뿐이다.

그런데 그것까지 생각하지 못하는 사람들은, 자신이 바보 같은 짓을 하고 있다는 것을 알면서도 푸념을 늘어놓을 수밖에 없는 것이다. 그들 자신도 결과를 모르는 것은 아니다. 자기처럼 결점 투성이의 인간은 성공은커녕 사회에서 순탄하게 살아가는 일조차 어렵다는 사실을 말이다.

그러나 이런 식으로 허영심이나 자존심이 표면에 나타나지 않는 것은 그래도 나은 편이고, 심한 경우에는 그야말로 별의별 하찮은 것까지 끌어다대면서 노골적으로 자기 자랑을 시작하는 사람도 있다. 칭찬 받고 싶다는 일념에서 자기 자랑을 늘어놓는 사람을 본 일도 있을 것이다. 그런데 만약 그들의 말이 사실이라 할지라도 실제로 그 때문에 칭찬을 받는 일은 없을 것이다.

예를 들면, 자기와 그다지 관계가 없는 일 - 자기는 그 유명한 거물 누구누구의 후손이고, 친척간이며, 또는 잘 아는 사이라는 등 - 을 자랑스럽게 늘어놓는 사람을 볼 수 있을 것이다. '나의 조부는 누구누구이며, 백부는 누구누구이며, 친한 친구는 누구누구입니다……' 라고 하면서 장황하게 지껄여댄다. 틀림없이 별로 만난 일도 없는 사람들일 것이다. 그리고 그것이 사실이라고 해도, 그것이 어쨌다는 말인가? 그렇다고 해서 그 사람이 위대해지는 것은 절대로 아닌 것이다.

또는 포도주를 혼자서 5, 6병이나 마셨다고 자랑스럽게 늘어놓는 사람이 있다. 그렇게 얘기하는 사람이 있다면 그것은 거짓말이다. 그렇지 않다면 그 사람은 언젠가는 그 허영심으로 인해 괴로움을 당할 것이다.

이처럼 예를 들면 끝이 없을 만큼 우리들 인간은 허영심 때문에 터무니없는 소리를 하거나 과장된 이야기를 늘어놓거나 한다. 그리고 그것으로 인하여 본래의 목적을 달성하지 못하고, 오히려 자기에 대한 평가를 떨어뜨리고 있다. 본질과 전혀 관계가 없는 것을 들어 자랑한다고 하는 것은, 실속이 없다는 것을 스스로 폭로하고 있는 것과 다를 바 없는 것이다.

이러한 어리석은 행위로부터 자신을 지키는 유일한 방법은 자기에 관한 말을 하지 않는 일이다. 경력 등 아무래도 자기 이야기를 꼭 해야만 할 때도 자랑하고 싶어서 말하고 있다고 오해받을 말은, 그것이 직접적인 것이든 또는 간접적인 것이든 일체 삼가도록 항상 유의했으면 좋겠다.

인격이라는 것은 선악(善惡)에 관계없이 언젠가는 알려지기 마련이다. 일부러 자기가 나서서 말할 필요가 없는 것이다. 오히려 본인이 자기 입으로 말하면 아무도 그것을 믿으려 하지 않을 것이다. 자기 입으로 말하면 그 결점은 숨길 수 있거나 자기의 장점을 한층 빛낼 수 있게 될 것이라는 생각은 꿈에도 하지 말아라. 그렇게 하면 결점은 한층 두드러지게 나타나고 장점은 더욱 가려지게 될 것이다.

스스로 아무 말도 하지 않고 잠자코 있으면, 오히려 장점이 있다고 남들은 생각한다. 아니면, 적어도 겸손하다고 여겨지리라는 것만은 확실하다. 게다가 불필요한 시기나 비난과 비웃음을 사서 정당한 평가에 방해를 받는 일은 없게 된다. 그러나 아무리 교묘하게 변장을 잘했다고 자부하더라도 자기 스스로 그것을 말해 버리면, 주위 사람들에게 반감을 사서 뜻하지 않은 결과에 실망하게 될 것이다. 그렇게 되지 않기 위해서는 자기 이야기를 하지 않는 것이 첫째임을 명심해두기 바란다.

02. 신중한 태도는 신뢰를 가져 온다
신뢰가 부족한 2030에게

무엇을 생각하고 있는지 도무지 알 수 없는 사람이나 어딘가 모르게 성격이 어두워 보이는 사람이 있는데, 이것은 칭찬 받을 만한 일이 못된다. 첫째, 인상이 좋지 않아 공연한 오해를 받게 된다. 그리고 무엇을 생각하고 있는지 잘 알 수 없는 사람에게는 어느 누구도 자기 마음속에 있는 말을 털어놓지 않을 것이다.

능력 있는 사람은, 내면은 신중하면서도 그것을 겉으로는 드러내지 않아 외면적으로는 어느 누구하고도 쉽게 마음을 터놓고 격의 없는 것처럼 보이게 하여 소탈하고 현명하게 행동하는 것이다. 자기 본심은 굳게 지키고 있지만, 주의 깊게 살펴보지 않으면 완전히 개방적인 것처럼 보임으로써 상대방의 방어를 풀어놓는 것이다.

왜 자신을 굳게 지켜야 할 필요가 있는가 하면, 경솔하게 무엇이고 지껄여 버리면 대개는 그것이 어딘가에 인용되어 적당히 이용되어 버리기 때문이다. 그렇기 때문에 소탈하게 행동하는 것과 마찬가지로 신중을 기하는 것도 똑같이 중요한 요소인 것이다.

말을 할 때는 언제나 상대방의 눈을 보아야 한다. 그렇게 하지 않으면 무엇인가 꺼리는 일이 있는 것이 아닌지 의심을 받게 된다. 더군다나 말하고 있는 상대방의 눈을 보지 않는 것만큼 결례가 되는 것도 없다. 천장을 쳐다본다거나 창밖을 내다본다거나 담뱃갑 같은 것을 만지작거리는 등등……. 이런 행동은 이것이 마치지금 자기에게 이야기를 해주고 있는 사람보다 더 중요하다고 공언하는 것이나 다름없다.

또한 이런 행동을 하면, 다소나마 자존심이 있는 사람이라면 화를 내고 증오심에 얼굴을 찌푸릴 것이 당연하다. 여러 차례 말하는 것 같지만, 어떠한 사람이라도 이런 취급을 받고 자존심이 상하지 않을 수는 없을 것이다.

상대방의 눈을 보지 않는다는 것은 자신의 인상을 나쁘게 할 뿐만 아니라, 자기 말이 상대방에게 어떻게 받아들여지고 있는지 관찰할 기회를 스스로 포기하는 결과가 되는 것이다.

상대방의 마음속을 읽으려면 귀보다도 눈에 의지해야 한다고 나는 평소에도 늘 생각하고 있다. 마음에도 없는 소리를 입으로 말하는 것은 간단하지만, 눈으로 나타내는 것은 매우 어려운 일이라고 생각하기 때문이다.

다음으로 조심해야 할 것은 자신이 나서서 남의 험담에 귀를 기울이거나 뜬소문을 퍼뜨리지 말아야 한다는 것이다. 그런 행실은 우선 당장은 즐거울지 모르나 냉정하게 생각해 본다면, 아무런 득이 되지 않는다는 것을 알게 될 것이다. 중상을 하면 하는 쪽이 비난을 받을 뿐이다.

그리고 큰 소리로 웃는 것도 좋지 않다. 큰 소리로 웃는 것은 시시한 것에서 기쁨을 찾는 어리석은 자들이 하는 짓이다. 정말 기지가 풍부한 사람이나 분별력이 있는 사람은, 결코 남을 어리석은 일로 웃게 하거나 자기도 큰 소리로 함부로 웃거나 하지 않는다. 웃더라도 소리를 내지 않고 조용히 미소만 지을 뿐이다. 당신은 절대로 큰 소리로 웃는 따위의 천박한 행동을 해서는 안 된다. 킬킬 웃어대는 것은 어리석음의 증표나 다름없는 것이다.

예를 들어 누군가가 의자에 걸터앉으려 했다고 가정하자, 그런데 의자가 없어졌다. 결국 엉덩방아를 찧는다. 결국 일시에 '와' 하고 웃음이 터져 나온다. 이것이야말로 얼마나 저속한 웃음인가. 그런데도 그들은 그것을 즐겁다고 한다. 얼마나 저속하고 소견머리 없는 즐거움이냐! 천박스런 나쁜 장난이나 하찮은 우발 사건을 보고 크게 웃는 것 말고는 보다 마음이 풍요해지고 표정이 밝아질 만한 즐거움을 모르는 것이 아닐까 생각된다. 게다가 그렇게 큰 소리로 웃는다면 곁에 있는 사람의 귀에 거슬릴 것이고 보기에도 흉하게 보일 것이다.

이런 바보 같은 웃음은 참으려고만 한다면, 조금만 노력하면 간단히 참아낼 수 있다. 그런데 그렇게 하지 않는 것은 사람들 사이에 웃음이란 명랑하고 즐겁고 좋은 것이라는 이미지가 고정관념으로 정착되어 있기 때문이다. 그래서 그것이 어리석은 짓이라는 것을 깨닫지 못하고 있는 것이다.

그리고 그밖에도 그다지 인상이 좋다고 할 수 없는 버릇이 많이 있다. 처음으로 사회에 발을 내딛었을 때, 호기심이나 다른 사람의 흉내를 내기 위해 무의식중에 한번 해본 좋지 않은 동작이 그대로 몸에 굳어 버린 것은 아닐까?

사회에 첫발을 내딛었을 때는 어찌해야 좋을지 몰라 여러 가지 표정을 지어 보이기도 하고, 갖가지 동작을 시도해 보기도 하는 법이다. 그것이 자기도 모르는 사이에 버릇이 되어 지금까지도 콧등에 손을 올리거나 머리를 긁적거리거나 또는 모자를 만지작거리기도 하는 것이다.

그런 모습을 보고 있으면 어딘지 모르게 어색하고 침착성이 없는 사람으로 보인다. 그리고 그런 사람은 우리 주변에 생각보다도 많이 있다. 그러나 많다고 해서 그것이 괜찮다는 말은 아니다. 나쁜 짓을 하고 있는 것은 아니지만, 역시 남이 보기에 눈에 거슬리는 일은 될 수 있는 대로하지 않는 것이 좋다.

03. 자연스럽게 배려할 수 있는 사람이 되라
칭찬 받고 싶은 2030에게

남을 화나게 만들기보다는 기쁘게 해주고 싶고, 욕설을 듣기보다 칭찬을 받고 싶고, 그리고 미움을 받기보다는 사랑을 받고 싶다면 항상 상대방을 배려해야 한다는 점을 잊지 말아야 한다. 그것도 아주 작은 일이면 된다.

예를 들어 사람에게는 각기 약간의 버릇이라든가 취미, 좋아하고 싫어하는 것들이 있는데, 이것을 관찰하는 것이다. 그리고 좋아하는 것은 눈앞으로 내놓고 싫어하는 것은 뒤로 감춘다.

예를 든다면, "당신이 좋아하는 포도주를 준비해 두었습니다."라고 말하는 정도로 족하다. 또는 "그 분은 이 자리에 어울릴 것 같지 않아서 오늘은 모시지 않았습니다."라고 한 마디 하는 것으로도 충분하다. 이와 같이 작은 배려가 상대방의 마음을 열게 하며, 자기를 이렇게까지 생각해 주는가 하고 감격하게 만든다.

그와 반대로 싫어한다는 것을 알고 있으면서도 부주의하게 그것을 내민다면 결과는 명명백백하다. 상대방은 무시당했다고 생각하거나 경멸받았다고 생각해서 언제까지나 좋지 않은 생각을 가질 것이다.

아주 사소한 것이라도 좋다. 사소한 것일수록 오히려 특별한 배려를 해주었다고 생각하고, 더 좋은 일을 해준 것보다 감격하게 되는 것이다.

당신도 아마 그런 기억이 있을 것이다. 아주 조그마한 배려가 얼마나 기뻤는지, 인간이면 누구나 지니고 있는 허영심이 이런 것으로 얼마만큼 만족을 느끼게 되었는지를 기억할 수 있을 것이다. 그뿐이 아니다. 생각하면 아주 하찮은 것이었는데, 그런 일이 있은 후엔 그 사람에게 마음이 기울어지고 그 사람이 하는 일 모두가 호의적으로 보이는 경우도 있다. 사람이란 감정의 동물이기에 대부분이 그렇게 되는 것이다.

특정한 사람의 마음에 들고 싶다거나 특정한 사람과 친구가 되고 싶다고 생각했다면, 그 사람의 장점과 단점을 찾아내서 그 사람이 칭찬받고 싶어하는 것을 칭찬해 주는 방법도 있다.

사람에게는 실제로 훌륭한 부분과 훌륭하다고 인정받고 싶어하는 부분이 있다. 훌륭한 부분을 칭찬 받는 것도 기쁘지만, 그 이상 기쁜 일은 훌륭하다고 여겨 주었으면 하는 부분을 칭찬 받는 일이다. 이것만큼 자존심을 만족시켜 주는 일은 없다고 해도 좋다.

그리고 어떤 사람이 칭찬 받고 싶어하는 마음이 있다면 그것을 발견하는 가장 좋은 방법이 그 사람을 세심하게 관찰하는 것이 제일이다. 그 사람이 즐겨 화제로 삼는 것을 주의해서 관찰하는 것이 좋다. 그리고 대부분의 사람은 자기가 칭찬 받고 싶은 일, 그것이 바로 급소가 되어 그것에 찔리면 상대는 함락되는 것이다.

내가 말하는 것은 비열한 아첨을 해서 사람을 조종하라는 의미가 아니다. 이것에 대해 오해하지 말았으면 좋겠다. 남의 결점이나 좋지 못한 행동까지 칭찬할 필요는 없으며 칭찬해서도 안 된다. 아니 오히려 그러한 것은 미워해야 하고 좋지 않다고 조언할 수 있어야 한다고 생각한다. 그렇지만 인간의 결점이나 천박스럽지만 어린애 같은 허영심에 대해서 눈을 감지 않으면 이 세상을 살아갈 수 없다.

누군가가 실제보다도 현명하다고 인정받고 싶다거나 아름답게 보이고 싶다고 해서 사람들에게 해를 끼치는 것은 아니다. 그야말로 순진한 생각이 아니겠는가, 이렇게 말하는 사람들에게 당신의 그런 생각은 잘못된 것이라고 말해 보았자 부질없는 일이다. 차라리 그런 말을 해서 불쾌한 생각을 갖게 하느니, 다소의 빈말이라도 그들의 마음을 기쁘게 해줄 수 있다면 당신은 상대방에게 믿음직한 친구의 자격을 손쉽게 얻을 수 있을 것이다.

상대방에게 장점이 있으면 당신 역시 기분 좋은 찬사를 던질 수 있을 것이다. 그러나 본인으로서는 그다지 인정할 수 없는 장점이지만 그 사회에서 인정받고 있는 것이라면 눈을 감고 찬성해주는 편이 좋은 경우도 때로는 생기게 된다.

당신이 다른 사람을 칭찬하는데 익숙하지 못하다면, 그것은 당신 스스로 사회생활을 어렵게 끌고 가는 것과 같다. 사회생활이란 그 사회에 속한 사람들간에 서로 믿음을 주고받는 관계 속에서 이루어진다. 믿음이란 상대방을 인정하고, 위할 줄 아는 작은 감정에서 시작한다. 그리고 칭찬이라는 것은 그러한 것을 이끌어내는 열쇠와 같은 것이다.

그리고 우리들은 자기의 생각뿐만 아니라 버릇이나 복장과 같은 대수롭지 않은 것이라도 누군가가 흉을 보면 기분이 상하고, 인정을 받으면 크게 기뻐하기 마련이다.

상대방을 가장 기쁘게 하는 칭찬은 다소 전략적이긴 하지만 뒤에서 칭찬해 주는 일이다. 그렇다고 하더라도 그 사람이 없는 곳에서 칭찬하는 것만으로는 의미가 없다. 그 사실이 칭찬 받은 상대방에게 확실히 전달되어야만 하는 것이다.

따라서 중요한 것은 칭찬한 것을 전해 줄 만한 사람을 고르는 일이다. 칭찬을 전해 줌으로써 그 사람도 득이 될 수 있는 사람을 찾는다면 더욱 좋을 것이다. 그렇게 되면 확실하게 전해 줄뿐만 아니라 어쩌면 과장해서 전해 줄지도 모른다. 남에 대한 찬사 가운데 이보다 더 기쁘거나 효과적인 것은 없다고 말해도 좋을 것이다.

04. 친구는 많이 만들고, 적은 만들지 말라
많은 친구를 사귀려는 2030에게

이 세상에 적이 없는 인간이란 존재하지 않으며, 모든 인간으로부터 사랑 받는 사람도 없다. 그렇다고 해서 사랑 받는 노력을 하지 않아도 좋다는 것은 아니다.

나의 오랜 경험으로 미루어 보면, 친구가 많고 적이 적은 사람이 이 세상에서 가장 훌륭한 사람이라고 생각된다. 그러한 사람은 원한을 사거나 시기를 받는 일이 좀처럼 없기 때문에 누구보다도 빨리 성공하게 되고, 만일 실패한다 하더라도 다른 사람들의 동정조차 받지 못하는 비참한 실패를 경험하지는 않는다.

그렇다고 보면 친구가 많고 적이 적다고 하는 것은 언제나 마음속에 새겨 두고 노력해 볼 만한 가치가 있는 하나의 목표가 아니겠는가?

이 사회를 살아가면서 신뢰감 만큼 합리적이고 착실한 근거는 없다. 우리 사회에서 어느 한 사람을 훌륭한 인간으로 존경하게 된다는 것은 주변의 많은 사람들이 그 사람에 대하여 호의적이고 애정을 갖고 있다는 뜻이다.

　이러한 것을 손에 넣으려면 어떻게 하면 좋을까? 우선 그것들을 손에 넣으려는 노력이 필요하다. 이제까지 그러한 것들을 아무런 노력 없이 얻은 사람은 없으니까 말이다.

　내가 사람들의 호의나 애정이라고 말하는 것은, 연인들 사이의 감상적인 감정이나 친구간의 우애(友愛)처럼 가까운 사이에 한정되는 것과는 다른 것이다. 우리들이 여러 부류의 사람들과 관계를 맺을 때, 그 사람에게 어울리는 기쁨을 느끼게 해줌으로써 받을 수 있는, 보다 광범위한 의미로서의 호의와 애정을 말한다.

　이러한 호의적인 감정은 그 사람의 이해와 대립되지 않는 한 언제까지나 계속되는 것이다. 그 이상의 호의를 바라고 얻을 수 있는 상대라고 하는 것은, 가족까지 포함해서 기껏해야 손에 꼽을 정도가 아닐까.

　내가 지금까지 살아온 40년 이상의 경험을 바탕으로 20세부터 인생을 다시 시작해 보라고 한다면, 나는 인생의 대부분을 가능한 한 많은 사람들로부터 사랑 받을 수 있는 노력을 하는 것에 쓰고 싶다. 그리고 많은 사람들로부터 호감을 받으며 그러한 사회에서 편안하게 안주하는 편이 좋으리라고 생각한다. 그것이 세상을 살아가는 데 가장 큰 방패가 될 것이다.

　남성이든, 여성이든 인간은 신뢰감을 가장 큰 미덕으로 생각한다. 신뢰감을 방패로 삼고 있는 사람은 성공의 가능성도 높고, 성공을 한다면 그 크기도 다른 사람에 비할 바가 아니다.

　신뢰감을 얻는 일은 그리 어려운 것이 아니다. 우아한 몸가짐, 진지한 눈초리, 세심한 배려, 상대가 기뻐할 언사, 분위기, 복장 등 실로 아주 조그마한 행위가 몇 가지 모이면 상대방의 마음을 사로잡을 수가 있는 것이다.

내가 지금까지 만났던 사람들 중에는 외모는 아름다우나 조금도 내 마음을 사로잡지 못하는 여성, 그리고 사려 깊고 분별력은 뛰어나나 호의를 느낄 수 없었던 인물이 많이 있었다.

그 사람들은 자기의 아름다움과 능력을 과신하고 있었기 때문에, 사람들의 마음을 사로잡는 방법을 터득하는 일에는 게을리 했기 때문이다. 이것은 대단히 큰 잘못이었다.

나는 외모 상으로는 그다지 아름답다고는 할 수 없는 여성과 연애를 한 적이 있다. 그러나 그 여성은 기품이 넘쳐흐르고, 사람을 기쁘게 하는 방법과 마음을 사로잡는 방법을 잘 알고 있었다. 나는 내 생애에서 이 여성과 연애를 했을 때만큼 행복했던 일은 없었던 것 같다.

05. 느긋하고 편안한 인간 관계를 만들어라
인간적인 교제를 원하는 2030에게

사람을 자기편으로 만드는 재능과 솜씨, 즉 상대방으로 하여금 자신을 믿게 만들고, 자신이 원하는 방향으로 상대방을 이끌어 나가기 위한 첫 단추가 상대방이 원하는 것을 잘 파악해서 그때마다 적절하게 만들어 주는 것이다. 물론 이와 같은 것은 정직과 성실이라는 일반적인 원칙 하에서 이루어지는 것이고, 사람을 속이거나 거짓말을 해서 그 사람이 원하는 것을 만들어 주라는 것은 절대 아니다.

그리고 상대방이 무엇을 원하는지 알기 위해서는 우선적으로 상대방의 스타일을 파악해야 한다. 그리고 자신도 상대방에 맞는 스타일로 대처해야 하는 것이다.

세상은 갈수록 경쟁적인 사회가 되고 있다. 이와 같은 현상으로 인해 같은 직장 내에서도 서로가 기분 좋고 느긋한 인간 관계를 기대하기란 쉽지 않다. 긴장과 근심 그리고 냉혹한 경쟁은 더욱 커져만 가고 즐거움과 용기 그리고 남을 배려하는 마음은 점점 찾아보기 힘든 것이다.

그러나 이렇게 대인 관계가 삭막해 질수록 대부분의 사람들은 보다 인간적인 교제 스타일을 아쉬워하게 된다. 그것은 사적인 영역에서도 마찬가지다. 사람들은 매정한 이기주의자나 딱딱한 기술 만능주의자는 물론이지만 특히, 매너라고는 전혀 모르는 무뢰한과 관계를 맺고 싶지는 않을 것이다.

사람들이 원하는 것은 세련된 스타일과 어느 정도의 품격을 지닌 사람이다. 이는 예의바르고 친절하며, 정중한 행동거지를 보이는 사람으로 이런 사람과 교제를 하게 되면 기분 좋고 호감이 가는 단정한 생활 양식을 가진 사람을 말한다. 이러한 사람과 만나면 모든 일을 긍정적으로 생각하게 되고, 저절로 기분 좋은 상태가 되어 모두를 기쁘게 만들어 준다.

그렇다면 당신은 이러한 모습을 갖추기 위해 어떻게 해야 하는가? 단적으로 표현한다면 '친절함'과 '정중함'이다.

이 두 가지는 실제로 당신이 다른 사람을 만났을 때 상대방이 처음으로 당신에 대한 평가를 내리는 기준이기도 하다. 친절함과 정중함이 개인적인 접촉으로 시작을 가능하게 하고, 그러한 만남이 계속되는 가운데 업무 적이든, 사적이든 좋은 관계를 지속할 수 있는 것이다. 그리고 이와 같은 것들은 상대방과 '특별한 관계'를 맺기 위해서는 더욱 필수적이라고 생각한다.

그러나 친절함과 정중함이 너무나 당연한 것으로 여겨져서 그것들이 구체적으로 무엇을 의미하는 지에 대해서 깊이 생각해 보는 사람들도 거의 없으며, 그것들이 일관성 있게 그리고 효과적으로 이용되는 경우도 드물다. 이러한 경우는 매우 일반화되어 있다. 즉, 대부분의 사람들은 개인적으로 어느 시점까지는 친절함과 정중함이 몸에 배여 있지만, 그 이상으로 표현할 수 있게 만드는 것은 바로 당신의 몫이다.

다른 사람들을 기분 좋게 만들고, 호감을 주며, 나아가서 감동을 줄 수 있는 친절함과 정중함을 자신의 무기로 만들어야 한다. 이렇게 해야 당신의 경쟁자들보다 한 걸음 앞서 사업적이든, 개인적이든 당신의 파트너를 자신이 원하는 방향으로 이끌고 갈 수 있는 것이다.

06. 자신을 연마하는 것이 중요하다
성격을 바꾸려는 2030에게

좋은 인간관계를 유지하고, 비즈니스에서 성공하기 위해서는 자신의 표정이나 태도, 행동에도 많은 신경을 써야 한다고 계속적으로 이야기하고 있다. 즉 상대방도 당신을 계속 지켜보고 있기 때문이다.

자신이 없는 태도나 아무래도 교활해 보이는 것 같은 표정을 짓고 있으면 사람들이 접근해 오지 않는다. 이와는 반대로 언제나 웃음을 가득 담고 편안해 보이는 표정을 짓고, 태도나 행동거지에 있어서도 자신감 넘치는 사람에게는 자연히 사람들이 모여들게 마련이다.

'얼굴은 그 사람의 이력서'라는 말이 있듯이 그 사람이 어떤 삶을 살아왔는가 하는 것은 그대로 드러난다. 얼굴 생김새의 문제가 아니라 자신감이 없는 인생을 살아온 사람은 자신감이 결여된 얼굴을 하게 되고, 자신감을 가지고 살아온 사람은 자신감 넘치는 얼굴 표정을 하게 된다는 뜻이다.

반대로 의식적으로 자신감이 넘치는 얼굴을 만듦으로써 정말로 자신이 넘쳐날 수 있다는 것이다. 중국의 고전을 읽어보면 남보다 우수한 인간성을 키워가기 위해서는 이러이러한 얼굴 표정을 지어야 한다든가, 이러이러한 걸음걸이와 자세를 취해야 한다는 이야기가 세밀하게 기록되어 있다. 이것은 외형적인 면을 의식적으로 만들어 형성해 나가다 보면 언젠가는 그 내면적인 부분도 거기에 상응하게 변화되기 때문일 것이다. 옛 중국의 고전에는 다음과 같은 사항이 기록되어 있다. 자신감 넘치는 태도를 몸을 익히는 데 참고가 되기 바란다.

"우선 서 있는 자세는 양 발이 힘있게 지면을 디디고 있는 모습으로 보이는 자세가 필요하다. 등줄기는 똑바로 펴서 정수리가 하늘을 찌를 듯한 자세를 취하는 것이 좋다. 또한 걸음걸이는 호랑이 같은 자세가 좋다. 호랑이는 신체 그 자체는 그다지 움직이지 않고 다리만 미끄러지듯 걷는데 인간의 경우도 상반신은 고정시킨 채 하반신만 움직이면 걷는 것이 좋다."

상대를 간파하는 것도 물론 중요하지만 그것과 동시에 자신을 연마하는 일을 태만해서는 안될 것이다. 아침에 일어나 간신히 세면만 하고 회사에 가서 경황없이 일만 하다가 퇴근길에 술을 한 잔하고, 집으로 돌아와 잠이나 자는 일을 반복한다면 절대로 자신을 연마하는 일은 할 수 없다. 그것은 자신의 인생 목표를 성공하고자 하는 의지가 없는 것과 같다. 중요한 것은 자기 자신의 일생을 얼마만큼 소중하게 생각하느냐에 달려 있다.

자신의 한 번밖에 없는 인생을 소중히 하고자 하는 사람은 자신의 모든 면을 연마시켜 높은 수준으로 끌어올리고자 노력한다. 제 아무리 상대의 인간성을 꿰뚫어 볼 수 있는 예리한 통찰력을 지녔다 해도 정작 자신에게 매력이 없다면 아무런 의미도 없는 것이다.

여기에서 자신을 연마하기 위한 것은 자신에게 매력을 갖게 하는 것이라고 말할 수 있다. 인간적인 매력이라고 말하는 경우의 '매력'의 내용은 다양하다. 호탕한 성격, 밝은 성격, 배려하는 마음이 가득한, 인정미 넘치는 등등 매력 있는 인간은 몇 가지의 자질을 갖추고 있다. 하지만 정작 내 자신에게 매력이 없다면 다른 사람을 움직일 수 없다. 제 아무리 인간을 올바르게 통찰할 수 있는 안목이 있을지라도 그 기술을 활용할 수가 없다는 말이다.

가령 자신의 부하나 상사가 어떤 타입의 인물인지 훤히 알고 있을지라도 단지 그 사실만으로는 아무런 힘이 되어 주지 못한다. 물론 인간관계를 원활하게 하는 데 다소나마 도움은 되겠지만, 어떤 큰 일을 시도하고자 할 때 그들이 '저 상사를 위해서라며 발 벗고 나서야지', '저 부하를 위해서 이 기회에 한 번 힘껏 밀어주자' 하는 생각이 들도록 만드는 것이 필요하다는 것이다.

이를 위해서도 자기 자신에게 사람들이 좋아할 인간적인 매력이 갖추어져야 하는 것이 전제조건이라 할 수 있다.

그럼 인간적인 매력을 연마하기 위해서는 어떻게 하면 좋을까? 여러 가지 방법 중 우선 '질투심'을 버리는 것이 그 지름길이다. 이것은 말하기는 쉽지만 행하기는 어렵다. 인간에게는 '남의 집의 화재는 크게 날수록 재미있다'라는 비열한 심리가 있기 때문이다.

상대의 결점을 들추어내거나 욕을 하는 등의 험담을 하는 행동도 자신이 좀더 우위에 서고 싶고, 남의 불행을 보고 자신의 행복을 확인하고자 하는 심리에서 발생하는 것이라고 보아야 한다. 그리고 그러한 마음의 밑바닥에는 '질투심'이 도사리고 있는 것이다. 그러나 질투심이 강한 사람에게는 절대 사람들이 따를 만한 매력이 갖추어질 수 없다. 오히려 있던 친구들이 멀어질 뿐이다.

"남을 저주하면 구멍이 두 개, 남을 축복하면 복이 두 개"라는 말이 있다. 다른 사람의 실패를 좋아 하는 사람에게는 역시 그 자신에게도 실패가 따르게 마련이고, 다른 사람의 성공을 순수하게 기뻐해 줄 수 있는 사람에게는 성공이 따라 붙는다. 그렇기 때문에 질투심을 버리는 것이 중요하다.

다른 사람을 간파하는 것은 중요한 일이지만 언제나 상대의 단점만을 찾아내고자 하는 인간이 되어서는 안 된다.

'저 사람에게는 이런 결점이 있어.', '저 사람의 미운 점은 이러이러한 것이지', '저 사람은 과거에 이런 실패를 했을 거야' 하는 등 온통 이런 생각으로 머릿속이 가득 차 있다면 결코 매력적인 사람이 될 수 없다.

아무튼 누군가와 알고 지내게 되는 기회가 생긴다면 우선 상대의 장점을 찾아보는 습관을 몸에 익히도록 해야 한다. '나에게는 없는 이런 장점을 가지고 있구나', '이런 점이 나보다 나은 사람이야', '내가 모르는 그 분야에 대한 지식까지도 그는 잘 알고 있어' 등과 같은 식으로 보게 되면 자연스레 그러한 자신의 심정이 상대에게도 전달되게 된다. 그러므로 상대방도 마음을 열어 주게 되는 것이다.

앞에서도 언급했듯이 다른 사람의 단점만을 들추어내는 사람에게는 사람이 따르지 않는다. 상대가 자신의 장점을 인정해 주는 사람이라면 그 사람을 위해 무언가 힘이 되어 줄 수 있는 것이 없을 것인가를 생각하게 마련이다. 이것이 인간의 기본 심리다.

자신의 매력을 연마하기 위해서, 그리고 '사람을 보는 눈'을 기르기 위해서도 인간관계에 있어 다른 사람의 성공을 순수한 마음으로 기뻐해 주고 장점에 눈을 돌릴 수 있는 인간이 되기 위해 노력하기 바란다.

07. 단체 활동에서 성공하는 첫번째 비결
자기 색깔이 없는 2030에게

기지, 유머, 농담은 어떠한 모임에서는 자연스럽게 통할 수 있지만, 그러한 것들이 어색하게 느껴지는 모임이 있을 수 있다. 이는 특수한 토양에서 자라는 식물을 다른 땅에 이식하면 잘 자라지 못하고 결국 말라죽는 경우와 같다. 어떤 모임이라도 그 모임 특유의 배경이라는 것이 있다.

그곳에서 독특한 표현이나 말이 생겨나, 나아가서는 독특한 유머나 농담이 생겨나는 것이다. 이러한 것들이 바탕이나 배경이 다른 별개의 모임에서는 무미건조하고 아무런 재미도 없으리란 것은 당연한 이치일 것이다.

'공감되지 않는(재미없는)' 농담만큼 참담한 기분은 없을 것이다. 모임은 흥이 깨지고, 심한 경우에는 무엇이 우스운 것인지 설명해 달라고까지 한다. 그럴 때의 참담한 기분은 새삼스럽게 여기서 설명할 필요조차 없을 것이다.

농담뿐만이 아니다. 어떤 모음에서 들은 이야기를 다른 모임에 가서 경솔하게 입에 담는 행동은 삼가해야 한다. 대수로운 일이 아니라고 하겠지만, 자신이 한 말이 돌고 돌아서 상상 이상의 중대한 사태를 초래하게 될지도 모르니까 말이다.

게다가 그런 행동을 하는 것은 무엇보다도 예의에 어긋나는 일이다. 규제 같은 것은 없다고 하지만 어딘가에서 들은 대화내용을 함부로 입 밖에 내지 않는다는 것은 무언의 약속과도 같은 것이다. 또한 그것을 어기면 여기저기서 비난을 받게 되어 어디를 가나 환영받지 못하게 된다.

어떤 모임이나 이른바 '호인' 이라는 사람이 있다. '좋은 사람' 이라는 이유 하나만으로 그 모임에 가입하게 된 사람이다.

그들을 잘 관찰해 보면, 사실은 아무런 특색이나 매력도 없고, 자기의 의견이나 의지도 없는 사람인 경우가 대부분이다. 그들은 동료들이 하는 일에는 무엇이든 간단하게 동의하고 양보하며 칭찬을 한다. 그룹의 대부분이 동의했다는 것만으로 아무리 잘못된 일이라도 그야말로 간단하게 영합하고 만다. 왜 그런 시시하고 어리석은 짓을 하는 것일까? 그것은 그렇게 하는 것 이외에는 다른 생각이 없기 때문이다.

당신은 좀더 참신한 이유로 모임의 일원으로 받아들여질 수 있도록 노력해 주기 바란다. 그러기 위해서는 자기 자신의 의지와 생각을 가져야 하며, 그리고 그것을 손쉽게 바꾸지 않는 것이 중요하다. 다만 그것을 표현할 때는 예의가 바르게 해야 하며, 때로는 유머를 동반하고, 가능하다면 품위를 지키면서 행동해 주어야 한다.

예를 들어 대수롭지 않은 결점은 못 본 체한다거나 다소 비위에 거슬리는 언행도 너그럽게 보아 넘기는 것뿐만 아니라, 일정한 범위 내에서 적극적으로 인사치레를 하는 것도 묵인해줄만하다. 그렇게 하는 것이 친절이 되는 경우도 있기 때문이다. 겉치레 인사를 듣는 측도 자신을 추켜세워 주면 기분 나쁘지 않을 것이고, 그것은 당신에게는 이득으로 돌아 올 것이다.

어떤 모임에서도 그 모임의 화술이나 복장, 취미와 교양을 좌우하는 인물이 있다. 그 사람이 여성이라면 당연히 미모와 기지, 옷맵시 그 밖의 모든 면에 뛰어난 인물일 것이다. 남성도 비슷한 조건이겠지만, 그 날의 모임을 활성화시켰는가의 여부보다도 더 근본적인 부분에서 모임 전체를 이끌어 갈 수 있는 인물인가 아닌가 하는 것이 이를 가늠할 수 있는 결정적인 요소가 된다. 모든 사람들의 눈이 이런 사람에게 집중되는 것은 자연적인 추세다. 일종의 위압감이 있는 것이다.

이에 거역하면 어떻게 될까? 즉시 그 모임에서 따돌림받게 되고 결국 추방당하게 된다. 어떠한 기지도 예의범절이나 취미나 복장도 그 자리에서 거절당한다. 그러므로 그런 사람에 대해서는 순수하게 따라 주면 된다. 다소의 아부 정도는 괜찮을 것이다. 그렇게 되면 강력한 추천장을 얻은 것과 같아서 모임 내부뿐만 아니라 가까운 이웃 영토까지 자유로이 출입할 수 있는 통행증을 손에 넣을 수 있는 것과 같다.

08. 단체 활동에서 성공하는 두번째 비결

사랑받고 싶어하는 2030에게

여러 사람들과 미팅이나 상담을 한다는 것은 단 한 사람과 마주 보고 얘기하는 것과 상당한 차이가 있다. 개별적으로 대화를 나눌 때에는 상대방에게 집중하기 쉽지만 단체로 만나는 경우에는 모든 사람들의 말을 일일이 알아듣고 그에 맞는 행동으로 대처해야 하기 때문이다. 그리고 성격이 제각기 다른 한 사람 한 사람을 특별한 인물로 대우해주어야 하기 때문에 많은 신경이 쓰인다.

그리고 모임에 참석한 모든 사람들에게 똑같은 시간을 할애 할 수도 없을뿐더러, 똑같은 대접을 할 수도 없을 것이다. 그 중에서는 자신만이 특별한 대접을 받기를 원하는 사람이 분명하게 존재할 것이고, 자신이 그런 대접을 받지 못한다면 차후에 좋은 관계를 유지하기가 어려울 정도로 돌아서게 될 것이 뻔하다.

이러한 자리에서 당신의 태도는 무척 신중해야 한다. 모든 사람이 당신의 일거수 일투족에 관심을 갖고 있으며, 당신이 행여 한 마디 실수나, 소홀한 행동이 보인다면 곧바로 당신의 이미지는 돌이킬 수 없는 피해를 받게 될 것이다. 이것은 앞으로도 당신이 단체 모임에서 활동하게 될 경우 커다란 짐이 되어 당신을 괴롭힐 것이다.

그러므로 단체로 만날 때에는 특별한 주의가 필요하다. 모든 사람을 '한 집단의 일부' 가 아닌 개별 존재로 간주해야 한다. 사람들을 대할 때마다 다른 사람들과 큰 차이가 나지 않도록 해야 하며, 다른 사람들보다 관심을 적게 가져서도 안 된다. 즉 모든 사람들에게 당신이 깊은 관심을 가지고 있으며, 존중하고 있다는 것을 계속적으로 심어주어야 한다.

그렇게 하기 위해서는 여러 가지 행동 규칙이 필요하다. 여기에서 몇 가지를 열거하면 아래와 같다.

첫째는 경솔한 태도를 버리라는 것이다. 그 모든 사람들 중에서 당신에게 중요하다고 생각되는 사람에게만 관심을 기울이지 말고, 그 주변 사람들이나 심지어 그 사람의 부하 직원 또는 수행원까지도 무시하지 말라는 것이다. 그리고 그 사람과 대화를 끝냈다고 해서 모임이 끝날 때까지 잊어버리고 있다가 헤어질 때 인사하는 것으로만 족하지 말고, 가끔씩 그에게 말을 걸거나 눈웃음으로 계속 관심을 갖고 있다는 사실을 인식시켜 줄 필요가 있다.

둘째는 만반의 태세를 갖추라는 것이다. 당신이 상대해야 하는 모든 사람들에게 맞는 화제를 준비해야 하고, 그 사람들이 호감을 갖고 있는 주제와 싫어하는 주제를 사전에 알고 있어야 한다. 이러한 것은 평소에 그 사람과의 관계 속에서 얻어지는 것이므로 상당한 기간이 필요한 것이다. 이러한 정보를 몸에 익혀놓으면 어떤 모임에서도 두렵지 않을 것이다.

셋째는 지나친 긴장은 피하라는 것이다. 아무런 준비를 많이 하고,

엄청난 정보를 가지고 있다 하더라도 당신이 긴장하여 제대로 표현하지 못하고, 간혹 실수라도 한다면 당신이 지금까지 이룩해 놓은 모든 수고는 물거품이 되고 말 것이다.

따라서 편안하게 마음을 다져 먹고, 자연스러운 태도로 상대방을 대해야 한다. 긴장해서 딱딱한 언행을 보인다면 모든 것이 부자연스러워 어색하게 보일 것이다. 그럴 바에는 차라리 아무런 행동도 하지말고 가만히 있는 것이 좋을 것이다.

다섯째는 시간과 마음의 여유를 충분히 가지라는 것이다.

위의 내용과 부합되는 것이기도 하지만, 또 다른 이유가 있다. 모임에 모인 모든 사람을 일일이 챙겨주기 위해서는 많은 시간과 노력이 필요할 것이다. 사전에 충분한 시간표를 짜놓아야 한다. 개개인에게 급박하거나 서둘러서 인사를 마치고 다른 사람에게 달려가는 것은 역효과라는 것을 절대 잊지 말아야 한다.

그리고 모임에 나가서는 모든 사람과 성의있게 인사를 해야 한다. 형식적인 인사가 아닌 진정 가슴으로 나누는 인사를 해야 그 사람이 당신을 기억할 것이다. 멀리 떨어져 있다고 생략하지 말고, 직접 찾아가서 악수를 나누어야 한다. 눈웃음만으로 넘길 수 있는 상대란 없다. 멀리 있는 상대에게 당신이 직접 찾아가서 인사를 나눈다는 것은 그 사람에게 특별한 존재로 인식되기 때문에 더욱 효과적일 것이다. 이러한 원칙은 헤어질 때도 마찬가지다. 헤어지는 인사에서도 처음에 만났을 때처럼 한 사람도 빠뜨리지 말고 진지하게 인사를 나누어야 다음에 당신의 존재를 확실하게 인식시킬 수 있게 된다.

그리고 대화를 나눌 때에는 모든 사람에게 말을 걸어야 하며, 모든 사람과 눈을 맞추어야 한다. 또한 다른 사람들을 소외시키는 소그룹의 논의에 치중하지 말고, 대부분의 사람들이 관심을 갖는 화제를 가지고 이야기를 이끌어 가야 한다. 그리고 화제에 끼지 않는 사람들에게 대화의 즐거움을 앗아가는 그런 화제는 절대로 삼가야 할 것이다.

결론적으로 상대방을 어떻게 대할 것인가는 자신이 어떻게 대접받고 싶은가를 생각한다면 간단하다. 자신이 대접받고 싶어하는 것을 상대방에게 해주면 된다. 만약 당신이 냉대를 받거나 따돌림을 당한다는 느낌이 든다면 어떠한 기분이 들겠는가? 모임의 뒷줄에 밀려나와 말 한마디 못해보고 모임이 끝난다면 또 어떻겠는가? 그러므로 상대의 그런 기분을 헤아려 줄 수 있다면 당신은 절반의 성공을 거둔 것이 된다.

제 8장

필립 체스터필드의

나만의 품격을 길러라

학문만이 가장 어려운 공부는 아니다.
바른 몸가짐과 다른 사람들로부터 존경받을 수 있는
인격을 갖추는 것이야말로 가장 성공적인 인생이다.

자기 부모를 공경할 줄 모르는 사람과는 절대로 우정을 나눌 수 없다.
그런 사람은 인간의 첫걸음을 벗어났기 때문이다.
뿐만 아니라, 이 세상에서 둘도 없는 존엄과 사랑을 모르는 사람이니
다른 사람을 소중히 할 리 없기 때문이다.

소크라테스

01. 자신의 가치를 더욱 돋보이게 하는 재능을 길러라

기초가 부족한 2030에게

당신을 건축물에 비유해서 말한다면 그 골격이 거의 완성되어 가는 시점이라고 할 수 있다. 그리고 이런 시기가 건축 과정에서 매우 중요한 것처럼 당신의 인생에 있어서도 매우 중요하다. 기초 공사를 마무리하고, 기둥을 세운 다음 방과 거실을 만들고 나서도 정원을 가꾸는 등과 같이 나머지를 아름답게 마무리짓는 일은 건축물의 가치를 더욱 높일 수 있으며, 모든 사람들에게 찬사를 받을 수 있다.

당신도 마찬가지다. 기초적인 교육을 마치고 나서도 사회에서 응용할 수 있는 그 이상의 교양을 몸에 익혀야만 한다. 그것들은 기초공사가 단단히 되어 있지 않으면 빈약한 장식물에 불과하지만, 기초공사가 튼튼하고 건실하게 되어 있으면 멋진 장식이 되어 건축물을 돋보이게 한다. 오히려 아무리 견고하게 기초공사를 마무리 했다하더라도 정원이나 장식물과 같은 가꿈이 없다면 그 매력은 반감되는 것이다.

여기에 한 남자가 있다고 가정하자, 지식과 교양은 그저 평범하지만 태도와 언행(言行)은 품위가 있고 정중하며, 친근감을 주고……. 이른바 자기 자신의 이미지를 좋게 보이게 하는 재능이 뛰어난 사람이다. 여기에 또 다른 한 사람의 남자가 있다. 지식이 풍부하고 판단력도 예리한 남자다. 하지만 앞의 남자에게 있는, 즉 자기 자신을 훌륭하게 표현할 수 있는 재능은 부족하다.

그렇다면 어느 쪽 남자가 이 세상의 험한 풍파를 잘 헤쳐나갈 수 있겠는가? 그렇다. 분명히 앞에 제시한 남자일 것이다.

사람들의 마음을 사로잡는 첫 단추는 언제나 그 사람의 외모다. 그들에게 있어서는 예의범절이나 사람을 대하는 태도, 교제 방법 등이 전부인 것이다. 그 이상 깊은 곳은 보려고 하지 않는다. 그런데 이것은 현명한 사람도 마찬가지다. 현명한 사람이라고 해도 처음 만나는 순간부터의 이미지가 그 사람을 평가하게 되고, 그 사람의 외모나 태도 등이 아름답지 않거나 마음의 감동을 주지 않을 경우에는 관심을 지속하기 어려운 법이다.

사람의 마음을 사로잡고 싶으면 우선 오각(五覺)[18]에 의지하는 것이 가장 중요하다. 눈을 즐겁게 해주고 귀를 즐겁게 해주어야 한다. 그렇게 해서 이성을 묶어 두고 감성을 움직이게 만들어 그 사람의 마음을 빼앗는 것이다.

그런 의미에서는 '철두철미하게 품위를 지켜라'라고 권하고 싶다. 아무리 같은 행위라 할지라도 품위를 느끼게 하는 것과 그렇지 않은 것과는 받아들이는 쪽에서 하늘과 땅만큼의 큰 차이가 있으니까 말이다.

예를 들어 옷차림이 단정치 못하고, 말도 더듬거리거나 조그만 목소

---

18) 오각(五覺)을 일으키는 사람의 감각 기관으로 시각(視覺)의 눈, 청각(聽覺)의 귀, 후각(嗅覺)의 코, 미각(味覺)의 혀, 촉각(觸覺)의 피부 또는 오감(五感)의 작용을 말한다.

리로 우물쭈물하며, 행동에도 조심성이 없는 사람을 처음 만나면 어떤 인상을 갖게 되겠는가? 그 사람에 대해서는 아무 것도 모르고 있음에도 불구하고, 아니 어쩌면 그 사람 내면에는 훌륭한 재능을 가지고 있을지도 모르는데도 그 사람의 내면은 상상해 볼 여유도 없이 마음속으로 거부해 버리지는 않을까?

그런데 그와는 반대로 언행 전반에 걸쳐 세심하게 신경을 쓰고 있어서 품위가 느껴진다면 어떨까? 그 사람의 내면 같은 것은 몰라도 보는 순간에 마음을 빼앗기고 그 사람에게 호의를 갖게 되지 않을까?

무엇이 그토록 사람의 마음을 끄는지를 설명하기란 참으로 어려운 일이다. 하지만 한 가지 분명하게 말할 수 있는 것은, 말로는 설명할 수 없는 어떤 보잘것없는 동작이나 대수롭지 않은 말씨가 하나 하나 모이면 찬란히 빛나기 시작하여, 이것이 사람의 마음을 사로잡고 놓아주지 않는 것은 아닐까라는 생각이 든다. 마치 모자이크가 한 조각만으로는 아름답지도 않고 아무런 의미도 없지만, 그것들이 모이면 하나의 무늬를 만들어서 아름다워지는 것과 비슷하다.

산뜻한 옷차림, 상냥한 태도, 품위 있는 의복, 기분 좋게 울리는 목소리, 편안하고 구김살 없는 표정, 상대방의 기분에 맞추면서도 맺고 끊는 맛이 있는 또렷한 말씨…… . 이외에도 많이 있겠지만, 이러한 것들 하나 하나가 왠지 사람의 마음을 사로잡고 놓아주지 않는 조그만 요소임에는 틀림없다. 적어도 나는 그렇게 생각하고 있다.

02. 성공한 사람의 '장점'을 흉내내라
성공하는 방법을 배우려는 2030에게

사람의 마음을 휘어잡을 수 있는 언행은 아무나 몸에 익힐 수 있는 것일까?

훌륭한 사람들과 빈번하게 교류할 수 있는 입장에 있고 기회가 있으며, 그리고 자신 스스로에게 그럴 마음이 있다면 반드시 할 수 있다. 훌륭한 사람들을 주의 깊게 관찰하고 그 사람이 하는 대로 따라하면 된다. 그렇게 하면 자기 자신도 할 수 있게 되는 것이다.

우선 처음 보는 사람인데도 왠지 모르게 마음이 끌리고 호감이 가는 사람이 있으면, 그 사람의 언행을 잘 관찰하여 무엇이 그렇게 자신의 마음을 사로잡고 있는가를 봐야 할 것이다.

대개는 여러 가지 언행이 한데 어우러져 있는 경우가 많지만, 그 하나하나는 가령 겸허하면서도 당당한 태도였거나, 비굴하지 않은 경의의 표현이거나 우아하고, 꾸밈이 없는 몸의 움직임이나 손발의 움직임이기도 하며, 절도 있는 의복이기도 할 것이다.

아무튼 그것을 알게 되었다면 그대로 흉내내어 보는 것이다. 그렇다고 해서 자기만의 개성을 버리고 맹목적으로 흉내만 내어서는 안 된다. 위대한 화가가 다른 화가의 작품을 모사(模寫)하듯이. '아름다움'이라는 관점이나 '자유'라는 관점에서도 결코 원작에 뒤떨어지지 않도록 정성껏 흉내를 내야 할 것이다.

만인으로부터 예의범절도 훌륭하고 호감이 가는 인물이라고 인정받는 사람을 만나면, 그 사람도 주목하여 주의 깊게 관찰해 보는 것이 좋겠다.

손위 사람에게는 어떤 태도로 어떤 말씨로 대하고 있는가? 자기와 지위가 같은 위치의 사람과는 어떠한 교제 방식을 취하고 있는가? 또한 자기보다 지위가 낮은 사람에게는 어떠한 대우를 하고 있는가? 오전 중에 사람을 방문했을 때는 어떤 내용의 이야기를 하고 있는가? 식탁에서는 어떤가? 그리고 저녁 모임에 나가서는 어떻게 행동하는가 등, 이런 것들을 철저하게 관찰해서 그대로 시행해 보도록 하라.

다만 명심할 것은 원숭이 흉내가 되어서는 안 된다. 그 사람을 단순히 흉내내는 것은 자기 자신의 모습은 사라지고 단지 그 사람의 복제(複製)가 되기 때문이다.

그렇게 노력하는 가운데 그 사람은 남을 함부로 대한다거나 무시한다거나, 자존심이나 허영심을 손상시키는 등의 행위는 절대로 하지 않는다는 것을 알게 될 것이다. 그와 동시에 각기 상대하는 사람에 맞추어서 경의를 표하거나 평가를 해줌으로써 상대방을 기쁘게 해서 마음을 사로잡고 있다는 것도 알게 될 것이다. 결국 뿌리지 않은 씨앗은 싹이 나지 않는 법이다.

호감을 얻을 수 있는 인물도 결국은 스스로 정성을 가지고 씨를 뿌리고 가지가 휘도록 맺은 열매를 거둬들이고 있는 것에 불과하다.

호감을 얻을 수 있는 태도는 실제로 흉내를 내는 동안에 몸에 익혀지기 마련이다. 그것은 현재의 자신을 뒤돌아본다면 금방 알 수 있을 것이다. 현재의 자신은 절반 이상이 모방에 의해 이루어져 있는 것은 아닐까? 중요한 것은 좋은 본보기를 선택한다는 것, 그리고 무엇이 좋은가를 확인하는 일이다.

인간이란 평소에 자주 이야기를 나누고 있는 상대방의 분위기, 태도, 장점과 단점뿐만이 아니라 그 사람의 사고 방식까지도 무의식 중에 받아들이고 있는 것이다. 나와 친분을 맺고 있는 몇몇 사람들도, 본인들은 그다지 총명하지 않더라도 평소에 현명한 사람들과 많은 접촉을 하면서 배우고 익혀 훌륭한 기지를 발휘하는 사람들도 있는 것이다.

내가 항상 말하고 있는 것처럼, 훌륭한 사람들과 사귀게 되면 특별나게 어떤 일을 하지 않더라도 자신도 모르는 사이에 그들처럼 될 수 있다. 거기에 집중력과 관찰력이 더해진다면 날개를 단 것처럼 더 빨리 그들과 대등하게 될 수 있을 것이다.

애석하게도 주변에 호감이 가는 사람이 없다면 어떻게 해야 좋을까? 그렇다면 누구라도 좋으니까 그곳에 있는 사람을 차분하게 관찰해 봐라. 아무리 훌륭한 사람이라도 모든 장점을 다 가질 수는 없는 것과 마찬가지로, 아무리 쓸모 없어 보이는 사람이라도 반드시 한 가지 정도는 좋은 점을 갖고 있기 마련이다. 당신은 그것을 모방하면 된다. 그리고 마음에 들지 않는 부분은 반대로 생각해 참고한다면 좋을 것이다.

호감을 갖게 하는 사람과 그렇지 않은 사람의 차이는 무엇일까? 그것은 말과 행동의 내용은 같아도 태도나 방법이 전혀 다르기 때문이며, 그것이 바로 호감을 사는 이유다. 세상에서 환영받고 있는 인물이나 품위를 전혀 느낄 수 없는 인물도 말을 하고, 움직이고, 옷을 입고, 먹고 마시는 일에는 다를 바가 없다. 다른 것은 그 방법과 태도다.

따라서 어떠한 말씨, 걸음걸이, 식사 태도 등이 좋지 않은 인상을 주는지 잘 관찰해 본다면, 자신이 어떻게 해야 좋은지를 저절로 알게 될 것이다.

성 공

03. 사람의 마음을 사로잡는 방법
사람의 마음을 사로잡고 싶은 2030에게

실제로 사람의 마음에 호소하려면 어떻게 해야 좋을까? 다음의 몇 가지 항목으로 정리해서 써보고 싶다. 당신에게 참고가 된다면 좋겠다.

첫째는 항상 바른 자세로 행동하라는 것이다.

다른 사람 앞에 나서면 위축되어 버리는 사람은 대부분 부자연스럽게 등을 세우고 딱딱한 자세로 앉는다. 그런 반면에 싹싹하고 구김살이 없는 타입의 사람은 의자에 온 체중을 맡기고 기대앉는다. 이런 자세는 여간 친근한 사이가 아니면 그렇게 좋은 인상을 주지 않는다.

모범적으로 앉으려면, 우선 마음을 편안하게 가지고 또한 겉으로도 그렇게 보이도록 온 체중을 싣지 말고 여유 있게 걸터앉으며, 몸을 딱딱하게 하고 부동 자세를 취하는 것이 아니라 힘을 빼고 자연스럽게 앉아 있어야 할 것이다.

아주 사소한 동작의 아름다움이 여성뿐만 아니라 남성의 마음까지도 사로잡는 법이다. 그것은 직장에서도 마찬가지다. 우아한 행동 거지가 얼마만큼 사람의 마음을 끌어당기는 것인지 깊이 인식하도록 해야 한다.

예를 들어 한 여성이 물건을 떨어뜨렸다고 하자. 가장 우아한 남자와 가장 우아하지 못한 남자가 그것을 주워 건네주는 행동에는 크게 다를 바가 없다. 그러나 결과에는 큰 차이가 있다. 우아한 남자는 주워 주었을 때 감사의 인사를 받을 테지만, 덤벙거리는 남자는 그 어색한 동작 때문에 오히려 웃음 거리가 될 것이다.

우아한 행동거지를 취하는 것은 공공 장소에서만 한정된 것은 아니다. 일상의 장소에서도 마찬가지다. 사소한 일이라고 해서 소홀히 하면 꼭 필요할 때에 어려움을 겪게 된다. 커피 한 잔을 마시더라도 찻잔을 잘못 잡아서 커피가 잔 밖으로 흘러넘치는 일이 없도록 해야 한다.

둘째는 늘 단정한 옷차림으로 사람들을 대해야 한다.

사람들은 자신의 옷차림을 통해 자기 자신의 품위를 보여준다고 해도 틀린 말은 아닐 것이다. 야단스럽고 화려한 복장을 하고 있는 사람을 보면, 속이 텅빈 것을 감추기 위해 일부러 위압적인 차림을 하고 있는 것 같고, 반대로 입는 것에 전혀 신경을 쓰지 않는 옷차림을 하고 있는 사람을 보면 또한 그 내면을 의심하지 않을 수가 없다.

분별 있는 사람은 복장에 특이한 개성이 나타나지 않도록 마음을 쓰며, 자기만의 특출한 옷차림은 하지 않는다. 그 지역의 지식인, 그 사회의 사람들과 비슷한 정도의 모양, 비슷한 복장을 한다. 옷차림이 지나치게 화려하면 들떠 보이고, 지나치게 초라하면 복장에 마음을 쓰지 않았다는 의미에서 실례가 되기 때문이다.

그렇긴 하지만 내 개인적인 생각으론, 젊은이는 초라한 것보다는 다소 화려한 것이 나을 것 같다. 다소 화려한 것은 나이가 들면 점차 수수해지지만 지나친 무관심은 40세가 되면 밀려나는 신세가 되고, 50세에는 따돌림을 받는 신세가 되고 만다.

그러므로 주위 사람들이 훌륭한 옷차림을 했을 때는 당신도 훌륭하게 하고, 간소하게 차리고 있을 때는 당신도 간소하게 해야 하는 것이다. 다만 항상 다림질이 잘된 것, 몸에 잘 맞는 옷을 입어야 한다. 그렇지 않으면 어색한 느낌을 주게 된다.

그리고 일단 그 날의 복장을 결정하고 그 옷을 입었으면, 두 번 다시 복장에 대해서는 생각지 말아야 한다. 아래위가 조화가 안 된 것은 아닐까, 색깔이 촌스러운 것은 아닐까 하고 생각하고 있으면 동작이 부자연스럽게 된다. 일단 몸에 걸치고 나면 두 번 다시 그 일은 생각지 말고 아무 것도 몸에 걸치지 않은 것처럼 자연스럽고 기분 좋게 행동해야 할 것이다.

그리고 머리 모양에도 신경을 써야 한다. 머리는 복장의 일부이기 때문이다. 또 당신은 양말을 흘러내리게 신고 있거나 구두끈을 푼 채로 신거나 하지는 않으리라 믿는다. 단정치 못한 발의 모습만큼 조잡한 인상을 주는 것도 없으니까 말이다.

남에게 좋은 인상을 주고 싶다면 청결한 것이 특히 중요하다. 당신은 손이나 손톱을 항상 깨끗이 하고 있는가? 식사 후에 칫솔질은 반드시 하는가? 치아는 특히 중요하다. 언제까지나 당신의 치아로 음식을 씹기 위해서도, 그 견디기 어려운 치통을 경험하지 않기 위해서라도 주의를 게을리 해서는 안 된다. 게다가 치아의 건강이 나빠지면 고약한 냄새가 나게 되니까 주위 사람들에게도 실례가 될 것이다. 따라서 젊었을 때부터 주의를 게을리 하지말고 관리에 최선을 다해야 한다. 식사 후에는 더운물과 부드러운 칫솔로 4, 5분 동안 치아를 닦고, 5, 6회는 헹궈내는 습관을 드리는 것이 좋다.

셋째는 표정을 가꾸면 마음도 밝아진다는 것이다. 사람의 마음을 사로잡는 요인은 많이 있지만, 그 중에서도 가장 효과가 크고 사람의 눈을 붙잡고 놓아주지 않는 것은 표정이 아니겠는가?

보통 사람은 조금이라도 자신의 용모나 자태에 미비한 점이 있으면, 그것을 숨기고 보충하려고 필사적인 노력을 하는 법이다. 그다지 잘 생겼다고는 할 수 없는 용모를 타고 난 사람은 말할 것도 없고 조금이라도 잘 보이려고, 고상하고 기품있게 보이려고 상냥하게 미소짓는 등 눈물겨울 정도로 노력을 하고 있다.

다른 사람들에게 호감을 주는 표정을 만들기 위해서는 우선, 눈가에는 항상 부드러운 표정이 떠올리도록 해야 한다. 그리고 전체적으로는 미소를 짓고 있는 듯한 표정이 좋다. 그런 의미에서 성직자의 표정을 조금 보고 배우는 것이 좋다. 선의가 흘러 넘치고, 자애로 충만하고, 엄숙한 가운데서도 결과가 담긴 표정 — 이는 꽤나 사람의 마음을 끌어당기는 힘을 가지고 있다고 생각된다. 표정만이 좋은 것은 아니다. 대개의 사람은 마음이 항상 함께 하고 있다. 그야말로 마음이 함께한다고 믿기 때문에 그들의 표정이 사람들의 마음을 사로잡아 호감 있게 받아들여지는 것이다.

04. 책에서 배울 수 없는 산 교육이 중요하다

성공과 예의를 배우려는 2030에게

인간이란 본래 완전한 존재가 아니다. 그것을 가능한 한 완전한 모습에 가깝도록 만들어 가려는 것은 인간으로서의 본성이다 누구든 그러한 소망을 가지고, 그것을 실현하기 위해 열심히 노력하고 있다. 그러한 것을 가능하게 하는 것이 바로 교육이다. 교육이란 본인의 타고난 능력과 자질을 개발하고 발전시켜 더욱 빛나게 만들 수 있는 유일한 방법이기 때문이다.

이러한 교육을 함에 있어서도 그 순서가 있다. 그 첫 번째로 아직 정확한 판단력을 갖지 못한 젊은 사람들에게 가장 먼저 가르쳐야 할 일은, 선(善)을 사랑하는 마음과 사람을 공경하는 마음을 심어 주는 일이다. 어린 시절에는 마치 문법을 외우듯이 '선은 좋고, 악은 나쁘다' 라는 식으로 이분법적이고 기계적으로 선과 악에 대하여 배워왔다. 그리고는 사회적으로 통용되는 일반적이고 상식적인 범위 내에서 본인 스스로의 판단에 의해 선과 악을 결정하고 판단하도록 배운 것이다. 물론

선을 행하는 일이나 사람을 공경하는 것은 당연한 일이고, 보통 사람이 굳이 배우지 않더라도 본능적으로 행하고 있지만 이것을 제대로 이해하고 실행하자는 뜻이다.

선과 관련하여 다음과 같은 매우 적절한 표현이 있다.

"나는 다른 사람에게 보여주기 위해서 선을 행하는 것이 아니라, 나 자신을 위해 선을 행한다. 그것은 다른 사람이 나를 보고 있으니까 청결하게 하는 것이 아니고, 나를 위해 청결하게 하는 것과 마찬가지다."

그리고 그 다음으로 가르쳐야 하는 것이 사람 사귀는 법, 즉 예의범절을 가르치는 일이다. 이것을 알지 못하면 애써 몸에 익힌 것들이 불완전하게 되어 빛을 잃고, 어떤 의미에서는 무용지물이 되어 버릴 것이다.

예의란 '서로 자기를 조금 억제하고 상대방에게 맞추려고 하는 분별과 양식 잇는 행위'라고 설명을 할 수 있다. 이 말에 이의를 제기하는 사람은 없을 것이다. 다만, 분별과 양식 잇는 인간이라 할지라도 누구나 예의바른 인간이 될 수 있는 것은 아니라고 하는 점이다.

분명히 예의를 어떻게 표현하는가는 사람, 지역, 환경 등에 따라 큰 차이가 있으며, 그것은 실제로 자신의 눈으로 보고 귀로 듣지 않으면 알 수 없는 것이기도 하다. 하지만 예의를 중히 여기는 마음 그 자체는 어느 시대, 어느 나라, 어느 지방을 가더라도 변하지 않을 것이다. 때문에 의지가 있느냐 없느냐가 바로 예의바른 인간이 될 수 있느냐 없느냐의 중요한 열쇠가 되는 것이다.

예의가 특정 사회에 미치는 영향은 도덕이 사회 전반에 미치는 영향과 비슷하다. 그것은 사회를 하나로 통합하여 안전성을 높이는 것이다. 또한 비슷한 것은 그것뿐이 아니다. 일반 사회에는 도덕적 행위를 장려하기 위해서 법률이라는 것이 제정되어 있을 것이다. 그와 마찬가지로 특정 사회에서도 예의바른 행위를 권장하고 무례를 경고하는 암묵(暗默)적인 법도와 같은 것이 존재한다.

이렇게 말하면 법률과 암묵의 법도를 동일시한다는 것에 대하여 놀랄지도 모르지만, 내가 생각하고 있는 것은 다음과 같다. 예를 들어 남의 소유지에 침입한 부도덕한 인간은 법에 의해 처벌을 받을 것이다. 그것과 마찬가지로 남의 평화로운 사생활에 마구 침입한 무례한 인간 역시 사회 전체의 암묵적인 합의에 의해서 추방되게 될 것이다.

문명 사회를 살아가는 인간에게 있어 '상냥하게 행동하고, 상대방에게 마음을 쓰고, 다소의 희생은 감수한다……' 라고 하는 것은 누구로부터의 강요도 아니고 자연스럽게 몸에 익힌 일종의 암묵적인 협정과도 같은 것이다. 이것은 왕과 신하가 비호와 복종이라고 하는 암묵적인 협정으로 묶여져 있는 것과 다를 바가 없다. 어느 쪽이든 그 협정을 범한 자가 협정에 의해서 생기는 이익을 박탈당하는 것은 당연한 결과라고 할 수 있겠다.

내 개인적인 생각을 이야기한다면, 예의를 다하는 것은 선행 다음으로 사람의 마음을 사로잡는 것이 아닌가 하고 생각한다. '예의가 바른 사람이다' 라는 말을 듣는 것은 매우 기쁜 일이다. 그 정도로 예의라고 하는 것은 소중한 것이다.

05. 자신을 지키는 자제심을 길러라
자신을 다스릴 줄 모르는 2030에게

이른바 외면적인 추함보다 훨씬 나쁜 것이 정신적인 불결함이다. 조금이라도 자존심이 있는 사람이라면 정신적인 불결함에 빠져드는 일이 없다. 깨끗하지 못한 마음은 더러운 얼굴이나 손보다 훨씬 혐오스러운 것이다.

깨끗하지 못한 사고방식을 가지고 있는 사람이 순간적으로 세상 사람들 앞에 자기의 마음이 속속들이 드러나게 되면 어떤 기분이 될까. 남에게 알려졌을 때 부끄러운 짓은 절대로 해서도 생각해서도 안 되는 것이다.

불결한 사고방식을 가지고 있으면 나중에는 그것이 얼굴에 나타나게 된다. 본인은 아무도 모를 것이라 생각하고 있어도 통찰력이 있는 예리한 사람에게 마음 속이 꿰뚫어 보이게 되면 결국 다른 이유로서는 생각할 수 없을 정도로 그것으로 인해 혐오를 받게 된다.

그러나 자존심이 있으면 피할 수 있는 것이 많다. 자존심은 바로 온갖 악덕의 적이며, 온갖 미덕의 편이다. 그것은 인간다움의 진수이기 때문이다.

사람으로서 몸에 익혀야 할 가장 중요한 것의 하나가 자제심이다. 자제심이 없는 인간은 언제나 기분이 내키는 대로 행동한다. 아무리 잔혹하고 몰인정한 짓이라도 생각이 나면 해버린다. 몸에 나쁜 것이라 할지라도 먹고 싶은 것을 먹고 마시고 싶은 것을 마신다.

자기에게 어느 정도의 자제심이 있는 가를 알기 위해서는 자기가 무척 갖고 싶어하는, 또는 하고 싶어하는 매력적인 것에 대해 때로는 자제해 보는 것도 좋다. 말하자면 그것은 개를 훈련시킬 때 무엇인가를 금지하는 것과 같은 것이다. 개에게 무엇을 금지시키는 훈련을 시키는 것은 어떤 해로운 것에 대한 금지가 아니라 사람의 명령을 듣도록 훈련시키기 위해서다.

나는 코앞에 놓여진 고기를 보고도 명령이 내릴 때까지 절대로 먹으려 하지 않는 개를 본 적이 있다. 이런 개가 철저하게 훈련받은 개라는 것이다. 이 개의 주인이 자기의 개를 능숙하게 다루는 것처럼 우리들은 자기 자신을 잘 다룰 수 있지 않으면 안 된다. 자신을 다스릴 줄 모르는 인간은 무슨 일에든 동요되고 만다. 그것은 마치 잘 조련되어 잇지 않은 말을 타고 달리는 사람과 같은 것이다. 말은 중요한 순간에 무엇인가에 놀라서 미친 듯이 달려가기 시작할지도 모른다. 이렇게 되면 고삐를 잡고 아주 익숙하게 말은 타고 있는 것처럼 보였던 사람도 땅바닥에 팽개쳐지고 마는 것이다.

그리스나 인도의 고대 철학자들은 사려 분별의 유무를 말의 조련이 잘 되고 안 되는 것에 비유하고 있다. 이 비유는 현대인에 대해서도 마찬가지다.

06. 성공하려면 예의범절을 배워라
예의범절을 모르는 2030에게

이른바 예의에 대한 이야기는 이 정도로 해두고 다음에는 상황에 알맞은 예법으로 이야기를 옮기도록 하겠다.

첫째 윗 사람에게는 예의를 갖추는 것이 당연하다. 분명히 손위라는 것을 알 수 있는 사람, 공적인 지위가 높은 사람에 대해 예의를 지키지 않는 사람은 없다고 하겠다. 그러나 그것을 어떻게 표현하느냐가 문제다. 분별이 있고 인생 경험이 풍부한 사람은 어깨에 힘을 주지 않고 자연스럽게 최대한의 예의를 다할 수가 있다. 그런데 훌륭한 사람들과 그다지 접촉한 일이 없는 사람들은 아마 어색하고 곁에서 보기에도 애처로울 정도로 긴장하고 있다는 것을 알게 된다.

그러나 그렇다고 해서 존경하는 사람을 눈앞에 두고 단정치 못하게 의자에 걸터앉는다거나 휘파람을 불거나 머리를 마구 긁어대는 무례한 행동을 하는 사람은 아직 한 번도 본 일이 없다. 윗사람 앞에서 주의해야 할 일은 단 한 가지, 긴장하지 말고 힘을 뺀 다음 자연스럽고 우아하게 예의를 지키는 것이다. 이것은 좋은 본보기를 관찰하여 당신이 실제로 흉내냄으로써 몸에 익혀 가는 수밖에는 도리가 없을 것이다.

둘째, 잡다한 삶의 모임에서는 '선'을 지켜야 한다. 특별한 윗사람이 없는 잡다한 모임에서는 적어도 잠시 동안은 초대받은 사람 모두가 같은 입장이라고 해도 좋다. 이런 경우에 공경하는 마음이나 경의를 표하지 않으면 안 될 인물은 원칙적으로 없는 셈이어서 행동도 자유스러워지고 자연히 어떤 형식적인 겉치레 예절을 지킬 필요성도 적어진다. 어떤 교제도 반드시 지켜야 할 일정한 선이 있는데, 이 경우에도 그것만 지킨다면 일단은 무엇을 하든 크게 어긋나지는 않을 것이다.

그러나 잊어서는 안 될 것이 있다. 특별히 주의를 기울이지 않으면 안 될 인물이 없는 대신, 누구나 보편적인 예의나 배려는 기대하고 있다는 사실이다. 때문에 주의가 산만하거나 무관심한 것은 허용될 수 없다.

예를 들면, 누군가가 다가와서 따분한 이야기를 꺼냈다고 하더라도 일단은 정중하게 대답을 해주지 않으면 안 된다. 무심코 이야기의 내용을 건성으로 들어서, 상대방이 무시당하고 있다는 것을 눈치채게 된다면, 아무리 대등하다고는 하나 그것은 이미 '실례'의 정도를 넘어서 엄청난 잘못이 된다.

이것은 상대방이 여성일 경우에는 특히 더욱 그렇다. 어떤 지위에 있는 여성이든 주목하는 정도로는 충분치 못하고 아침에 가까울 정도의 배려가 필요하다. 그녀들의 조그마한 소망, 좋아하는 것과 싫어하는 것, 취미, 변덕뿐만 아니라 건방진 태도에 이르기까지 배려를 아끼지 말고 듣기 좋게 추켜올려 주어야 한다. 가능하다면 그러한 것들을 미리 헤아려 말을 걸거나 질문을 하는 데까지 배려하지 않고는 충분하다고 할 수 없다. 예의가 바른 사람은 모두가 그렇게 하고 있다.

잡다한 인간의 모임에서 예의를 다하려면 어떻게 하면 좋은지 일일이 열거하는 것은 한이 없다. 나머지는 당신의 판단에 따라 상대방과의 이해관계를 생각하면서 그때그때의 사정에 따라 실천해 주기 바란다.

셋째는 '자기보다 지위가 낮은 사람'을 적으로 만들지 말라는 것이다. 설마 당신은 당신의 방을 청소해 주는 사람이나 구두를 닦아주는 고용인보다 태어나면서부터 우수하다는 생각을 품고 있는 것은 아닐 것이다.

하늘이 당신에게 내려 주신 행운에 감사해야 할 것이다. 그러나 불운한 운명 아래서 태어난 사람들을 업신여기거나 불필요한 말을 해서 그들의 자존심을 상하게 하는 행동을 해서는 절대로 안 된다.

나의 경우, 나와 대등한 사람을 대할 때 이상으로 신분이나 지위가 낮은 사람을 대할 때도 많이 신경을 쓰고 있다. 그것은 그 사람의 노력이나 실력과는 관계없이 단순히 타고난 운명으로 결정된, 신분이나 지위의 차이를 의도적으로 의식케 하여 쓸데없는 자존심을 만족시키고 있는 것처럼 보이고 싶지 않기 때문이다.

그러나 젊은 사람들은 그런 것에까지는 주의가 미치지 않는 모양이다. 명령적인 태도나 권위를 앞세운 단정적인 말투가 용기 있는 사람, 기개(氣槪)있는 사람의 증거라고 오해하는 것 같다. 이러한 명령조나 권위를 앞세워 아랫사람을 부리게 되면 그 사람들은 시키는 일이야 하겠지만 내면으로는 적개심을 품게 될 것이다. 그리고 결국 그 사람의 도움이 절실히 필요한 경우에는 도움 받지 못하게 되어 후회를 하게 될 수 있다는 것이다.

도대체 사람들은 신분이나 지위가 낮은 사람에게 마음을 쓰지 않고 도대체 어디에 신경을 쓰고 있는가? 그것은 일련의 지인(知人)이나 한층 돋보이는 사람들, 즉 지위가 높은 사람, 특별히 아름다운 사람, 인격자 등의 자신의 출세에 도움이 될 것 같은 사람들에게만 신경 쓰고 있다. 그리고 그 밖의 사람들에게는 주목할 가치조차 없다는 듯이 보통의 예의조차도 갖추려 하지 않는다. 그러나 이 어리석은 행위는 남성에게나 여성에게나 많은 적을 만들게 된다. 하찮은 피라미 떼라고 생각했던 그들은 당신이 가장 좋은 평을 받고 싶어하던 장소에서 결정적으로 당신의 평판을 깎아 버릴 것이다. 그들은 당신을 교만하다고 생각하고 있기 때문이다.

이러한 내용에 어울리는 아주 적절한 격언이 있다.

"민심을 모으는 왕이야말로 가장 평안하고 무사하게 권력을 유지시킬 수 있는 왕이다."라는 격언이다.

신하로부터 충성을 받는 것은 어떤 무기보다는 강하다. 신하의 충성을 원한다면 두려움의 대상이 되기보다는 호감을 품게 하라는 뜻이다. 이 말은 평범한 우리들에게도 똑같이 적용된다고 하겠다. 사람의 마음을 사로잡는 기술을 터득하고 있다는 것은 무엇에도 비길 수 없는 강한 힘을 가지고 있다는 것이나 마찬가지다.

넷째는 '원석(原石)'인 채로 일생을 마치지 말라는 것이다. 절대로 실패할 리가 없다고 하는 그릇된 믿음은 엉뚱한 실패를 저지르게 되는 예다.

그렇다. 아주 친한 친구나 알고 있는 사람에 대한 행동에 대해서 이야기하는 것이다. 친한 사이에서는 편안한 기분이 되어도 좋다. 또 그렇게 되는 것이 당연한 것이기도 하다. 그러한 관계가 사생활에 평안을 주는 것도 사실이다.

다만, 그렇다고 해서 보통 때 같으면 절대로 발을 들여놓아서는 안 될 영역까지 침입해도 좋다는 뜻은 아니다. 당신이 말하고 싶은 대로 자기 기분에 도취되어 수다를 떨고 있으면, 친한 친구와의 즐거워야 할 대화도 곧 퇴색해 버린다. 이는 자유가 지나치면 뜻하지 않게 몸을 망치는 것과 같다.

막연한 이야기로는 이해가 잘 되지 않을 것 같아서 피부로 느낄만한 확실한 예를 들어보겠다.

예를 들어, 당신과 내가 한 방안에 있다고 하자. 나는 내가 무엇을 해도 상관이 없다고 생각하고 있고, 당신도 또한 당신이 하고 싶은 대로 할 것이라고 생각하고 있다. 그러나 그러한 때일지라도 내가 우리 두 사람 사이에서 아무 것도 조심할 것이 없다고 생각하고 있을 것 같은가? 솔직히 말하면 그런 것은 전혀 생각하지 않고 있다. 아무리 당신만을 상대로 하고 있지만, 어느 정도의 예의는 지켜야 한다고 생각한다. 정도의 차이는 있겠지만, 그것은 다른 사람에 대해서도 마찬가지다. 만일 당신이 무슨 이야기를 하고 있는 동안 내가 줄곧 다른 일을 생각하고 있다거나 당신 눈앞에서 크게 하품을 한다거나 코를 곤다거나 하는 엉뚱한 실수를 하는 일이 있다면 나는 나 자신의 야만적인 행동에 대해서 크게 부끄러워 할 것이다. 그리고 당신과 나 사이가 멀어지리라는 것을 각오해야 할 것이다.

그렇다. 아무리 친한 사이라도 그 유대를 깨뜨리고 싶지 않다면, 그리고 오래 지속시키고 싶다면 어느 정도의 예의는 필요한 것이다. 남편과 아내가 낮시간과 마찬가지로 밤을 함께 지낸다고 했을 때, 조심성도 예절도 모두 팽개쳐 버린다면 과연 어떻게 될 것인가? 화목하던 사이도 얼마 안 가 식어 버려서 서로가 싫증을 느끼게 되고, 급기야는 서로 경멸하는 사이로 전락될 것이 틀림없다.

사람은 누구나 나쁜 면도 가지고 있다. 그것을 속속들이 드러내는 것은 단순히 무례한 행동일 뿐 아니라 무분별한 행위다. 아무리 친하고 허물없는 사이라 하더라도 그 사람에게는 그 사람에게 알맞은 정도의 예의를 갖추면 된다. 그렇게 하는 것이 예의에 맞는 일이라고 생각하며, 또 서로가 언제까지나 사이좋게 지낼 수 있는 상태를 유지하기 위해서는 그렇게 하는 것이 절대적으로 필요하다.

예의에 대해서는 이 정도로 해두자. 다만, 하루의 절반은 예의를 몸에 익히기 위한 노력을 해주기 바란다.

다이아몬드도 원석(原石) 그대로 있을 동안은 아무런 쓸모가 없다. 값어치는 있을지 모르지만 갈고 닦아져야 비로소 사람들의 몸에 지닐 수가 있다. 물론 다이아몬드가 아름다운 것은 원석의 경도(硬度)와 밀도가 짙기 때문이다. 그러나 갈고 닦는 마지막 마무리가 이루어지지 않으면 언제까지나 더러운 원식인 채로 남아 있게 되어, 기껏해야 호기심 많은 수집가의 진열장안에 들어가는 것이 고작이다.

다음은 지금까지와 마찬가지로 노력해서 연마하는 일이 남았을 뿐이다. 당신이 사용법만 알고 있다면, 주위의 훌륭한 사람들이 당신을 아름다운 모양으로 조각해 광채가 나도록 닦아 줄 것이다.

제 9장

사뮤엘 스마일즈의

훌륭한 삶을 위한
또 하나의 교훈

인간은 당당해야 살아갈 수 있다.
당당하다는 것은 안다는 것이다.
안다는 것은 할 수 있다는 것이다.

오늘을 붙들어라!
되도록 내일에 의지하지 말라!
그 날 그 날이 1년 중에서 최선의 날이다.
에머슨

01. 언행은 부드럽게, 의지는 굳건하게
강한 의지로 성공하려는 2030에게

'언행은 부드럽게, 의지는 굳건하게' 라는 말처럼 인생의 모든 분야에서 활용될 수 있는 말은 없다고 해도 좋을 것이다. 나는 지금 이 말이 구성하는 두 가지 요소, 즉 '언행은 부드럽게' 와 '의지는 굳건하게' 에 대하여 설명하고, 이 두 어휘가 하나로 합쳐졌을 때 어떠한 효과를 나타내느냐에 대해서, 그리고 마지막으로는 그 실천에 대해서 말해 보려고 한다.

언행이 부드럽기만 하고 의지가 굳건하지 못하다면 어떻게 되겠는가? 그런 사람은 단순히 타인에게 친근감을 주는 것에만 좋을 뿐, 비굴하고 마음이 약해서 소극적인 인간으로 전락해 버린다. 반면에 의지는 강하지만 언행이 거칠면 어떻게 될까? 그러한 사람은 용맹스럽고 사나울 뿐, 저돌적인 인간이 되고 말 것이다.

이 두 가지 모두를 겸비하는 것이 바람직하지만, 그런 사람은 매우 드물다 의지가 강한 사람 중에는 혈기왕성한 사람이 많은데, 이런 사람은 언행이 부드러운 것을 '연약함'으로 단정짓고 무엇이나 힘으로만 밀어붙이려고 한다. 이런 사람은 내성적이고 마음이 약한 사람이 자기의 상대일 때는 자기 마음대로 일을 진척시킬 수 있지만, 그렇지 않을 경우에는 상대방의 노여움이나 반감을 사서 목적을 달성시키기 어렵게 된다.

또한 언행이 부드러운 사람들 중에는 교활한 사람이 많은데, 이런 사람들은 모든 것을 남에게 주는 부드러운 인상만으로 손에 넣으려 한다. 말하자면 팔방미인이다. 마치 자신의 의지 같은 것은 없는 것처럼 임기응변으로 얼마든지 상대편에 자신을 맞추어 나간다. 이런 사람은 어리석은 자는 속일 수 있어도 그 밖의 사람의 눈은 속이지 못해, 즉시 그 가면이 벗겨지고 만다.

부드러운 언행과 굳건한 의지를 겸비할 수 있는 사람은 강인한 사람도 팔방미인도 아니다. 단지 현명한 사람일 뿐이다. 그렇다면, 이 두 가지를 함께 겸비하고 있다면 어떠한 효과가 있는가, 남에게 명령을 내리는 입장에 있을 경우, 정중한 태도로 명령을 내리면 그 명령은 기꺼이 받아들여지고 기분 좋게 실천으로 옮겨질 것이다. 그러나 처음부터 무조건 강압적인 명령이 내려진다면 명령은 적당히 수행되거나 도중에서 팽개쳐지고 만다.

예를 들어, 내가 부하에게 '술 한 잔 가져와!'하고 난폭하게 명령했다고 하자. 그런 식으로 명령을 내렸을 때, 나는 그 부하가 내 옷에 술을 엎지를 것이라는 각오를 해두어야 할 것이다. 그런 보복을 당해도 마땅한 행동을 했으니까 말이다.

물론 명령을 내릴 때는 '따라야 한다'는 식의 냉정하고도 강력한 의지를 나타낼 필요도 있다. 그러나 그것을 부드러움으로 감싸서 불필요한 열등감을 갖지 않도록 가능한 한 기분 좋게 명령에 따르도록 배려하는 것도 필요하다.

그것은 윗사람에게 무엇인가 부탁할 때나 정당한 권리를 요구할 때도 마찬가지다. 정중한 태도로 부탁하지 않으면 처음부터 부탁을 거절하고 싶어하는 사람에게 좋은 구실을 제공하고 만다. 그렇다고 해서 부드러운 것만으로도 일은 성사되지 않는다. 절대로 뒤로 물러서지 않는 끈기와 품위를 잃지 않는 집요함을 가지고, 의지가 얼마나 강한지를 보여 주는 것도 중요하다.

따라서 부드러운 언행으로써 그들이 마음을 사로잡아야 한다. 그렇게 하면 적어도 거절할 구실을 주지 않게 된다. 그러나 동시에 의지의 강인함을 표현함으로써 평소 같으면 웬만큼 사정해서는 들어주지 않을 만한 일이라도, '귀찮으니까, 원한을 사는 것이 두려우니까' 라는 등의 마음 불러일으켜 들어주게 할 수도 있다.

신분이나 지위가 높은 사람들은 사람들의 부탁이나 불만에는 아주 익숙해져 있다. 외과 의사가 환자의 물리적인 통증에는 무감각에 젖어 있는 것과 마찬가지로, 거의 매일 똑같은 하소연을 들어 왔으므로 어떤 것이 진짜고 어떤 것이 가짜인지를 구별할 수 없을 정도가 된다. 그러므로 공평한 입장에서, 인도적인 입장에서 평범하게 호소하는 정도로는 여간해서 받아들여 주지 않는다. 그러므로 또 다른 감정에 호소할 수밖에 없는 것이다.

예를 들면, 부드러운 말씨와 유연한 태도로 호감을 얻어낸다거나, 집요하게 호소해서 두 손 들고 승낙할 정도로 만드는 것이다. 아니면 품위가 떨어지지 않을 정도로 '들어주시지 않으면 원한을 삽니다' 라고 말하는 듯한 냉담한 태도를 취하여 두려움을 느끼게 만드는 것이다. 진정한 의지의 강함이란 이러한 것이다. 결코 우격다짐으로 밀어붙이는 것이 아니다.

언행의 부드러움과 의지의 강함을 겸비하는 것이야말로 경멸받지 않고 사랑받으며, 미움받는 일없이 존경심을 갖게 하는 유일한 방법이다. 이것은 세상의 지혜로운 사람들이 빠짐없이 몸에 익히고 싶어하는 방법이기도 하다.

다음은 실천에 관한 이야기로 옮겨 보자.

감정이 고조되어 사려 분별이 결여된 무례한 말이 서슴없이 입에서 나오려고 할 때는 자신을 누르고 말씨를 유연하게 해야한다. 이것은 상대방이 윗사람이든 자기와 대등한 사람이든 자기보다 신분이 낮은 사람이든 모두가 다를 바가 없다.

감정이 폭발하려고 하면 마음이 가라앉을 때까지 침묵을 지키고 표정의 변화를 상대방이 읽을 수 없도록 신경을 집중시켜야 한다. 표정이 간파된다는 것은 비즈니스에서는 치명적인 약점이 될 수 있다. 하지만 그렇다고 해서 더 이상 단 한발자국도 양보할 수 없는 곳에서는 애교 있게 대하거나 상냥하게 대하거나 비위를 맞춰주는 등 나약하게 상대에게 아첨하는 행동만은 해서는 안 된다.

그럴 때는 공격 일변도로 집요하게 공격을 반복하는 것이 좋겠다. 그렇게 하면 손에 들어올 것은 반드시 손에 들어온다. 온유하고 내성적이며 언제나 길을 양보하는 그러한 사람은, 부정한 인간, 인간의 아픔을 이해하지 못하는 사람에게 밝히고 바보 취급을 받지만, 거기에 강한 의지가 있다면 사람들로부터 존경을 받게 되고 대개는 일도 자기 뜻대로 된다.

친구나 친지에 대해서도 그것은 마찬가지다. 변함 없는 의지력은 그들의 마음을 사로잡을 것이다. 그리고 언행의 부드러움은 그들을 자신의 적으로 만드는 것을 막아 줄 것이다. 또한 자신의 적에 대해서는 진실한 태도로 마음의 문을 열도록 해야 한다. 동시에 상대방에게도 이쪽의 의지가 강함을 보여 주고, 자기에게는 분개할 정당한 이유가 있다는 것을 알려주는 것이 중요하다. 자기는 상대방과 달라서 악의를 품거나 하는 소견이 좋은 행동은 하지 않는다. 자신이 하고 있는 것은 사려 분별이 있는 정당 방위라고 분명히 밝혀 두어야 한다.

일과 관계되는 교섭에 들어갔을 때에도 의지의 강함을 느끼게 하는 일을 잊어서는 안 된다. 꼭 타협하지 않으면 안 될 때까지 뒤로 물러서서는 안 되며, 절충안도 받아들여서는 안 된다. 부득이하게 타협해야 할 경우라 할지라도 저항해 가면서 조금씩 조금씩 물러나야 한다.

그렇게 하면서 부드러운 태도로 상대방의 마음을 파악하는 것도 잊어서는 안 된다. 상대방의 마음을 파악하게 되면 이해를 얻어 마음을 움직이게 할 수 있을 지도 모른다.

깨끗하고 솔직하게 이렇게 말해 보는 것도 좋다 '많은 문제가 있습니다만 그렇다고 해도 귀하에 대한 저의 경의에는 변함이 없습니다. 오히려 이번 사건에서는 귀하의 노력을 보고 그 훌륭하신 능력과 열의에는 감탄하고 있습니다. 이렇게 열심히 일하시는 분과 개인적으로 가깝게 지낼 수 있다면 얼마나 기쁠까 하고 생각하고 있습니다.' 라고 말하는 것도 생각해 볼 만 하다.

이처럼 '말은 부드럽게, 그리고 의지는 강하게' 를 관철하면 대개의 교섭은 원활하게 진척된다. 최소한 상대방의 뜻대로 끌려 다니지는 않는다.

그리고 내가 아무리 '말을 부드럽게' 라고 말하더라도 그것이 단순히 유연함만의 부드러움이 아니라는 것은 이미 당신도 알고 있을 것이다. 자신의 의견은 확실히 표현해야 하고, 상대방의 의견이 잘못 되었다는 생각이 들면 분명히 말해야 한다.

내가 문제로 삼고 있는 것은 그 말하는 방법이다. 그것을 말할 때의 태도, 분위기, 용어의 선택 방법, 목소리의 어조(語調) 등 이러한 모든 것을 말하는 것이다. 물론 거기에 강제성이 있다거나 무리가 있어서는 안 된다. 자연스러워야 한다.

남과 다른 의견을 말할 때도 상냥하고 품위 있는 표정을 띠고, 말도 부드러운 것을 선택하는 것이 좋다.

'제가 어떻게 생각하고 있는지를 물으신다면 이렇게 대답하겠습니다. 물론 그렇게 확신을 가지고 있는 것은 아닙니다만⋯⋯' 이라든가 '자세히는 모르겠습니다만 대개 이런 것이 아니겠습니까⋯⋯' 라는 등등의 표현법이다. 연약한 말투라고 해서 설득력이 부족한 것은 아니다. 오히려 상대방의 마음을 사로잡을 것임에 틀림없다.

토론은 기분 좋게 끝내야 한다. 자신도 상처를 입지 않고, 상대방의 인격도 손상시킬 마음이 없다는 것을 분명한 태도로 보여줄 필요가 있다. 의견 대립은 일시적이긴 하지만 서로의 사이를 멀어지게 하기 때문이다.

'그까짓 태도쯤이야' 하고 말할지도 모르지만, 태도 역시 중요한 것이다. 호의로 한 일이 적을 만들고, 장난으로 한 것이 오히려 친구를 만들기도 하는 등 태도 여하에 따라 정반대의 상황이 나오기도 한다.

표정, 말투, 말의 선택, 발성, 품위 이러한 것들이 부드러우면 말은 부드러워지고, 거기에 강한 의지가 더해지면 위엄도 곁들여져 사람들의 마음을 사로잡을 수 있는 것이다.

02. 강인하지 않으면 세상을 살아갈 수 없다
부지런한 습관을 가지려는 2030에게

이 세상에서 다소 약삭빠른 것일지도 모르지만 '알차게 살아가는 지혜'와 같은 것이 있고, 그것을 알고 재빨리 실천한 사람이 가장 먼저 출세하는 사례를 자주 볼 경우가 있다. 젊은 사람은 아무튼 이러한 일을 혐오하기 쉬운데, 내가 지금부터 말하려고 하는 것도 훗날에도 '알아두었다면 좋았을 것' 하고 후회하게 될 것들 중 하나라고 생각한다.

살아가는 지혜의 근본은 뭐니뭐니 해도 감정을 겉으로 나타내지 않고, 말이나 동작이나 표정에서 마음이 동요하고 있다는 것을 알아차리지 못하게 하는 것이다. 일단 상대방이 알아차리면 상대방의 뜻에 휘말려 버릴 수 있다. 이것은 비단 직장에만 한정된 것은 아니다. 일상 생활에서도 자기도 모르는 상대에게 조정 당할 가능성은 얼마든지 있는 것이다.

싫은 소리를 들으면 '노골적으로 화를 내거나 표정을 바꾸는 사람, 좋은 소리를 들으면 펄쩍 뛰면서 기뻐하거나 표정이 흐트러지는 사람, 이런 사람들은 교활한 인간이나 주제넘게 나서는 건방진 사람의 먹이가 되기 쉽다.

교활한 인간은 일부러 상대방을 분노케 하는 말을 던지거나 기뻐할 말을 건네거나 해서 반응을 살펴보고, 마음이 평온할 때는 결코 입밖에 내지 않을 비밀을 캐내려고 한다.

건방진 말로 앞에 나서는 사람도 마찬가지다. 다만 다른 것은 자기 자신도 모르게 교활한 인간과 같은 행동을 하고 있지만, 자기의 이익으로는 만들지도 못하고 주의 사람들의 이익에 공헌하는 점이다.

그 사람이 냉정한 편인가 그렇지 않은가에 대하여는 선천적인 성격 탓이라고 치부하고, 자신의 의지로는 바꿀 수 없는 것이 아니냐고 의문을 품을지도 모른다. 확실히 그 사람이 냉정한 편인가 그렇지 못한가의 여부는 성격에 의해서 좌우되는 바가 크다. 그렇기는 하지만 우리들은 걸핏하면 성격 탓으로 돌리고 변명을 하고 있는 경우가 많다.

생각을 갖고 조금만 노력한다면, 조금은 개선할 수 있는 부분이 있을 것이라고 나는 생각한다. 보통 사람은 이성보다 성격을 우선시키는 습관이 붙어 있을 뿐이니, 노력만 한다면 그 반대의 일, 즉 이성으로 성격을 억제하는 습관도 익힐 수 있으리라고 생각한다.

만약 순간적으로 감정이 폭발할 지경에 이르러 억제할 수가 없게 되면, 우선 감정이 진정될 때까지 입을 다물고 있는 편이 좋다. 얼굴 표정도 될 수 있으면 바꾸지 말아야 한다. 평소에 신경을 쓰면 반드시 할 수 있게 될 것이다.

자못 똑똑해 보이는 말이나 재치 있는 말, 또는 농담 같은 것은 해보고 싶은 것이지만, 이런 것은 찬사는 받을지 몰라도 호의적으로 받아들여지는 일은 드물다. 오히려 적을 만들 가능성이 더 크다.

반대로 당신이 만일 비꼬는 듯한 말을 들었을 땐, 가장 좋은 방법은 못 들은 척하는 것이다. 너무나 직설적으로 말을 해서 못 들은 척 할 수도 없을 때는 주위 사람들의 웃음에 합세해서 비꼰 내용을 인정하고, 그럴 듯한 비방이라고 추켜올려 줌으로써 은근하게 그 자리를 넘겨 버려야 한다. 절대로 같은 어조로 되받아 치는 듯한 응수를 해서는 안 된다. 그런 짓을 했다가는 자기가 상처를 받았다고 공표 하는 것과 같은 결과가 되는 것이고, 상대방과 같은 수준으로 떨어지는 것이다.

무슨 일을 교섭함에 있어서 혈기 왕성한 인물과 대할 때만큼 좋은 결과가 얻어지는 일도 없다. 만약 상대방이 흥분을 잘해 사소한 문제에도 마음에 혼란을 일으켜 터무니없는 말을 지껄이거나 표정에 나타내거나 한다면 그러한 사람에게는 생각나는 대로 이것저것 넘겨짚어서 표정을 관찰하는 것이 좋다. 그렇게 하면 반드시 진의(眞儀)를 포착할 수 있다. 비즈니스에서는 상대방의 속마음을 읽을 수 있느냐 없느냐가 성공의 열쇠가 되기 때문이다.

자기의 감정이나 표정을 숨기지 못하는 사람은 그렇게 할 수 있는 사람과의 경쟁에서 결코 이길 수가 없다. 다른 모든 조건이 대등할지라도 자신의 속마음을 상대방이 읽고 있다면 이미 승부가 난 상태다. 더구나 상대가 능수 능란한 솜씨의 소유자일 경우에는 더욱 승산이 없다.

"뚝 시치미를 떼라는 말인가요?"하고 말할 수 있을지는 모르겠지만 그렇게 하는 것은 잘못이 아니다.

옛날부터 일컬어지는 말 중에는 "마음을 읽히게 하여서는 사람을 거느릴 수가 없다"는 말이 있다. 나는 좀더 극단적으로 이렇게 말하고 싶다. "타인에게 속마음을 읽혀서는 아무 일도 성취시킬 수가 없다"고 말하고 싶다.

똑같이 시치미를 뗀다 하더라도 자기 속마음을 읽을 수 없도록 시치미를 떼는 것과 상대를 기만하기 위해 시치미를 떼는 것과는 큰 차이가 있다. 그리고 후자의 경우에는 대단히 잘못된 것이다. 상대방을 기만하기 위하여 감정을 숨기는 것은 도덕에 어긋날 뿐만 아니라, 비겁한 행위라고 하지 않을 수 없다.

저 유명한 베이컨 경도 다음과 같이 쓰고 있다. "상대를 기만하는 것은 지적(知的)인 인간이 할 짓이 아니다. 자기 속마음을 읽을 수 없도록 하기 위해 감정을 숨기는 일은 트럼프의 카드를 보이지 않도록 하는 것과 같지만, 상대를 기만하기 위해 속이는 것은 상대방의 카드를 훔쳐보는 거나 다름없다."

정치가 볼링브로크 경19)도 그의 저서에서 다음과 같이 쓰고 있다.

"사람을 속이기 위해서 숨기는 것은 단검을 휘두르는 것과 같아서 바람직한 행위가 못 될 뿐더러 불법행위이기도 하다. 일단 단검을 사용하면 그것으로 끝이 나며, 어떠한 정당화도 변명도 통하지 않는다."

한편 속마음을 남에게 읽히지 않기 위해 감정을 숨기는 것은 방패를 갖는 것과 같은 것이며, 기밀을 보호하는 것은 갑옷을 착용하는 것과 같은 것이다. 사업에서는 어느 정도 감정을 숨기지 않으면, 기밀은 유지될 수가 없고, 기밀 유지가 안 되면 일이 순조롭게 진전되지도 않는다. 그런 의미에서는 귀금속에 합금을 섞어서 주화를 주조하는 기술과 흡사하다.

합금을 조금 섞는 것은 필요하지만 도가 지나치면 주화는 통화로서의 가치를 상실하고 주조자의 신용도 땅에 떨어지고 만다.

마음속에서 아무리 감정의 폭풍이 휘몰아치더라도 그것을 얼굴이나 말로 나타내지 않도록 자기 감정을 완전히 숨길 수 있도록 노력하거라. 매우 힘든 일이기는 하지만 불가능한 일은 아니다. 지성이 있는 사람은 불가능한 일에는 도전하지 않지만, 아무리 곤란한 일이라도 추구할 가치가 있는 것이라면 두 배의 노력을 기울여서라도 반드시 해내는 법이다. 당신도 이 같은 말을 명심하여 늘 노력해 주기를 부탁한다.

03. '허용되는 거짓말'을 적절히 사용하라
지혜를 배우려는 2030에게

모르는 척한다는 것은 때론 크게 쓸모가 있는 지혜가 아닐까? 가령, 누군가가 무엇인가를 말하려 할 때 모르는 척하면 그 사람은 이렇게 묻는다. "이런 이야기를 알고 계십니까?" 당신은 대답한다. "아니오." 설령 알고 있었다 하더라도 그대로 이야기하도록 내버려둬라.

대화를 나누는 그 자체로써 기쁨을 느끼는 사람도 있을 것이다. 자신의 지적 발견을 자랑삼아 이야기하고, 그렇게 함으로써 자존심을 만족시키고 싶어하는 사람도 있을 것이다. 또는 이렇게 중요한 이야기를 말해 줄 정도로 자기는 신뢰받고 있다는 것을 내세우고 싶어서 지껄이는 사람도 있을 것이다.

이러한 사람과 만나 이야기할 때, 그 사람이 "이런 이야기를 알고 계십니까?"라는 질문을 했을 때, 당신이 "예"하고 대답해 버리면 그 사람은 실망하게 될 것이다. 그리고 결국은 '눈치가 없는 사람'이라고 해서 상대하기를 꺼려할 것이다.

개인적인 중상이나 험담은 귀에 못이 박히도록 들었다 하더라도 마음을 터놓을 수 있는 친구 이외에는 들은 일이 없는 척하는 편이 좋다. 이야기하는 도중에 이런 화제가 나오면 실제로는 거의 확실하게 믿고 있었다 하더라도 언제나 회의적인 척 가장하면서 정상 참작의 의견 쪽에 동조하는 것이 좋다. 이와 같이 늘 아무 것도 모르는 것으로 해두면, 우연한 기회에 정말로 모르고 있었던 정보가 완벽한 형태로 들어오는 경우도 있을 것이다.

대다수의 인간은 한순간이라도 보잘것없는 일에 관해서도 자신의 허영심을 만족시키기 위하여 떠벌리고 싶어하는 경향이 있다. 때문에 사실은 말해서는 안 될 것이라도 상대가 모르는 일을 자기가 가르쳐 줄 수 있다는 점을 과시하고 싶은 마음에, 그만 엉겁결에 입을 열어 이야기해 버리는 것이다.

그럴 때, 모르는 척 하고 있으면 정보를 얻을 수 있는 것 외에도 득이 되는 것이 있다. 정보를 입수하는 데 관심이 없는 것으로 보여지므로 결과적으로는 음모나 나쁜 계략과는 아무 상관이 없는 인물로 보여진다는 점이다. 그렇다고 해도 정보는 수집해야 한다. 우연히 전해들은 정보는 상세하게 조사하지 않으면 안 된다. 정보를 수집할 때는 현명한 방법을 취해야 한다. 항상 귀를 기울여 듣거나 직접 질문을 하거나 하는 것은 현명한 방법이 아니다. 그렇게 하면 상대는 방어 태세를 취하고, 같은 이야기를 몇 번이고 반복하는 등 쓸모 없는 정보밖에 얻을 수 없게 된다.

모르는 척하는 것과는 반대로 당연히 모든 일을 알고 있는 척하는 것도 때로는 효과가 있다. '그래, 분명히 그 말대로 라면서……' 하고 친절하게 모든 것을 이야기해 주는 사람도 있는가 하면, '이런 식으로 들었는지도 모르겠지만……' 하면서 말해 주는 사람도 있다. 그런가 하면 모르는 것이 또 없느냐고 이것저것 물으면서 정보를 전해 주는 사람도 있다.

이런 생활의 지혜와도 같은 것을 능숙하게 사용하려면 항상 자신만이 아닌 자기 주변 사람들에 대해서도 주의를 기울이는 냉철한 태도를 가지고 있어야 할 것이다.

무적을 자랑하던 아킬레스도 싸움터에 나갈 때만은 완전무장을 했다. 사회는 당신에게 있어서 싸움터와 조금도 다를 바가 없다. 언제나 완전무장으로 대비해야 하고, 그래도 약한 부분에는 또 다른 여분의 방패를 활용할 정도의 마음의 준비가 되어 있어야 할 것이다. 사소한 부주의와 순간의 방심이 목숨을 앗아갈 수도 있다.

04. '친분 관계'도 능력 중 하나다

양보의 미덕을 가지려는 2030에게

우리들이 사는 이 사회는 친분 관계가 필요하다. 신중하게 친분 관계를 구축하여 그것을 잘 유지할 수 있다면, 그러한 친분 관계를 가진 자의 성공은 틀림없다.

친분 관계라 해도 거기에는 두 가지가 있다. 늘 그 차이를 항상 생각해 두고 행동하는 것이 사회생활을 잘 해 나갈 수 있는 방법이다.

우선은 대등한 연고 관계다. 이것은 소질이나 능력이 거의 비슷한 두 사람이 구축하는 호혜(互惠)적인 관계로, 비교적 자유로운 교류와 정보 교환이 이루어진다. 이것은 상호간에 능력을 인정하고, 상대방이 자기를 위해서 자발적으로 힘써준다고 하는 확신이 없으면 성립되지 않는다. 그 밑바닥에 흐르고 있는 것은 상대방에 대한 경의(敬意)다.

거기에는 이따금 서로의 이해가 대립하는 일이 있더라도 결코 무너지지 않는 상호 의존 관계가 있으며, 이해가 대립된다 하더라도 조금씩 양보하는 미덕으로 결국은 합의를 낳고 같은 행동을 취하게 된다.

또 하나는 대등하지 않은 연고 관계다. 한쪽에는 지위나 재산이 있고, 다른 한쪽에는 소질이나 능력이 있는 경우가 그것이다. 이 관계에서 도움을 받게 되는 것은 어느 한쪽뿐이며, 그 도움도 표면에 나타나지 않도록 교묘하게 위장되어 있는 경우가 많다.

도움을 받은 측은 상대방에게 문안도 드리고 마음에 들도록 행동하며, 상대방의 우월감을 보고도 묵묵히 참아내고 있다. 도움을 주는 측은 자기 혼자 생각으로는 상대방을 잘 조종하고 있다는 생각이 들겠지만, 사실은 자기 혼자 그렇게 생각하고 있는데 불과 하다. 이러한 사람을 교묘하게 이용만 잘하면 이용하는 측에서 큰 이익을 얻는 일이 많다.

이러한 예에 대해서는 주변에서 흔히 볼 수 있는 경우다. 그만큼 한쪽에만 이익을 가져다주는 이런 관계는 우리 사회에서 일반화되어 있다고 할 수 있을 것이다.

05. 어떻게 해야 라이벌을 이길 수 있는가
라이벌을 적으로 생각하는 2030에게

자기가 싫어하는 사람에게 사려 깊은 태도로 대하려면 어찌해야 좋은가를 알아두는 것도 무엇보다도 중요한 일이라고 생각한다.

그런데 이것을 알고 있으면서도 막상 실천에 옮기려면 잘되지 않는 것이 오늘날의 젊은이들이다. 그들은 조그만 일에도 금방 흥분하여 앞뒤를 분간 못하게 되고 만다. 직장에서도, 사랑하는 남녀 관계에 있어서도 마찬가지다. 자기 생각을 비판하는 말을 듣게 되면 금방 상대방이 싫어져 버린다.

젊은이들에게는 라이벌도 적과 마찬가지다. 눈앞에 상대가 나타나면 딱딱하고 냉담한 태도나 무례한 태도를 취하면서 어떻게든 상대를 때려눕힐 방법은 없을까 하고 궁리한다.

이것은 도리에 맞지 않는 것이다. 상대방에게도 좋아하는 일이나 여성을 선택할 권리는 얼마든지 있다. 라이벌에게 차갑게 대한다고 해서 자신이 바라는 바가 이루어지는 것은 아니다. 어디 그뿐인가, 라이벌끼리 맞붙은 곳에 제3자가 끼여들어 노른자위만을 살짝 내어가는 일도 종종 일어나고 있다.

물론 이러한 사태는 그렇게 단순하지만은 않다. 그리고 어느 쪽이나 그리 간단하게 방향 전환을 할 수 있는 것도 아니고, 일에 관한 것이든, 연애이든 별로 간섭받기를 원치 않는 미묘한 문제인 것만은 틀림이 없다. 그러나 원인은 제거할 수 없다하더라도 결과가 어떻게 될 것인가에 관해서는 어느 정도는 알 수 있을 것이다.

가령, 두 사람의 라이벌이 서로 노려보고 있다고 하자. 두 사람이 불쾌한 얼굴을 하고 있거나 외면을 한다거나 서로 욕설을 퍼붓고 있으면, 그곳에 함께 있는 사람들은 혐오스러운 마음을 갖게 될 것이 틀림없다. 그리고 그들의 목표가 되었던 여성도 불쾌한 생각을 품게 될 것이다. 그러나 그 사람의 마음속으로야 어떻든 어느 한쪽이 표면적으로는 라이벌에게 상냥하고, 자연스럽고, 친절하게 대응을 했더라면 어떻게 될까? 한쪽의 인물이 초라하게 보일 것이고, 반대의 인물은 자신감에 찬 당당한 인물로 보일 것이다. 물론 그 여성은 상냥하게 대해 주는 쪽에 호의를 갖게 될 것임에는 틀림없다.

업무상의 라이벌도 마찬가지다. 자기 감정을 자제하고 표정을 냉정하게 표현할 수 있는 사람은 라이벌에게 이길 수 있다. 프랑스 사람은 '부드러운 태도'라는 말을 자주 쓰는데, 이것은 라이벌에게 혐오감을 노골적으로 나타내는 마음이 편협한 인간에게는 특별히 온화한 태도로 대하라는 의미다.

좀더 알기 쉽게 설명하기 위해서 내 경험담을 이야기해 보겠다. 당신이 비슷한 상황에 놓였을 때, 다시 한번 생각하여 유용하게 활용하기 바란다.

내가 네덜란드의 헤이그에 가서 오스트리아 계승전쟁에 대한 전면참

전을 요청하고, 구체적으로 군대 수를 결정하는 등의 교섭을 매듭짓고
왔을 때의 이야기다.

당시 헤이그에는 대수도원장이 있었는데, 이 분은 프랑스 편에 서서
어떻게 하든지 네덜란드의 참전을 저지하려 하고 있었다. 나는 이 분이
머리가 명석하고 마음이 온화하며 근면한 인물이라는 말을 듣고, 그동
안 친교를 맺을 수 없는 것을 몹시 안타깝게 생각했었다. 어느 날 제3
자가 마련한 어떤 좌석에서 처음으로 그를 만나게 되었을 때, 나는 이
렇게 말했다.

"나라끼리는 적대 관계에 있지만, 우리들은 그것을 뛰어 넘어서 가깝
게 지낼 수 있으리라고 생각하고 있습니다." 라고 하자, 대수도원장도
자기도 그렇게 생각한다면서 정중한 태도로 답변해 주었다.

그리고 나서 이틀 뒤, 내가 아침 일찍 암스테르담의 의회에 가보니
거기에는 이미 그 분이 나와 있었다. 나는 대수도원장과 면식이 있다는
사실을 대의원들에게 말하고서 얼굴에 부드러운 미소를 띠고 이렇게
말했다.

"나의 숙적이 여기에 있는 것을 보고 대단히 유감스럽게 생각하고 있
습니다. 이렇게 말씀드리는 것은, 이 분의 능력은 이미 나에게 공포심
을 느끼게 하고 있기 때문입니다. 이래서는 공평한 싸움이 되지 않습니
다. 아무쪼록 이 분의 힘에 굴복하지 말고 자기 나라의 이익만을 생각
하시도록 부탁드립니다."

나의 말에, 그 자리에 있던 사람들 모두가 미소를 지었다. 대수도원
장도 나에게서 정중한 찬사를 듣게 된 것에 그다지 싫지는 않다는 표정
이었고, 15분쯤 지나자 그곳을 떠났다. 나는 설득을 계속했다. 전과 다
름없는 어조로, 그렇지만 전보다는 훨씬 진지하게 설득을 했다.

"내가 여기에 온 것은 네덜란드의 국익을 생각해서, 오직 그 한가지

를 위해서 입니다. 내 친구는 여러분의 눈을 현혹시키기 위해서 가식이 필요했습니다. 하지만 나는 그러한 모든 것을 벗어 던지고 말씀드리고 싶습니다."

나는 결국 목적을 달성했다. 그리고 그 후, 대수도원장과도 같은 태도로 계속 사귀고 있다. 제3자가 베푼 장소에서 만났던 때도 그랬지만 지금도 변함 없이 전혀 고집부리지 않는 정중한 태도로 대하면서 그의 근황 등을 묻고 있다.

한 사람으로서의 훌륭한 인간이 라이벌에 대해서 취할 태도에는 두 가지가 있다. 최대한 상냥하게 대하거나 아니면 때려눕혀 굴복시키는 것이다. 만약 상대가 모든 수법을 동원하여 고의로 당신을 모욕하거나 경멸하면 주저할 필요도 없이 때려 눕혀도 좋다. 하지만 마음의 상처를 입은 정도라면 겉으로는 아주 예의바르게 행동하도록 하라. 그러는 편이 상대에 대한 하나의 보복도 되고, 아마도 자신을 위한 이익도 될 것이다. 이것은 상대를 기만하는 것이 아니다. 당신이 그 사람의 가치를 인정하고 친구가 되고 싶다면, 바로 그것이 비겁한 태도일지 모르지만, 그런 사람과는 친구가 되지 않는 편이 바람직하고, 나 또한 친구가 되라고 권하지 않겠다.

공적인 장소에서 분명하게 실례가 되는 행동을 취한 사람에게 정중하게 이야기한다 해서 비난받을 리는 없다. 보통은 그 현장을 원만히 수습하고, 주위에 있는 사람들에게 불쾌감을 주지 않도록 노력하고 있을 뿐이라고 보여진다. 세상에는 개인적인 취향이나 질투 때문에 시민 생활을 혼란케 해서는 안 된다고 하는 약속 같은 것이 있기 때문이다. 그것을 자연스럽게 깨뜨리는 사람은 세상의 웃음거리가 될 뿐이지 동정 받는 일은 없다.

사회는 심술, 증오, 원한, 질투 등이 소용돌이치고 있는 곳이다. 노력하는 사람보다는 수가 적지만, 열매만을 따가 버리는 교활한 인간도 있다. 또한 부침(浮沈)도 심하다. 오늘 흥했는가 싶으면 내일은 이미 쇠해 버린다.

이런 와중에서는 예의가 바르거나 부드러운 언행 등의 실질과는 그다지 관계없는 장비를 몸에 지니고 있지 않으면 살아가기가 어렵다. 자기편이라고 해도 언제 적이 될지 모르고, 적일지라도 언제 자기편이 될지 모르기 때문이다. 그렇기 때문에 마음속으로는 미워하면서도 겉으로는 상냥하게 대하고, 사랑하면서 신중을 기하는 태도가 항상 필요한 것이다.

06. 사회생활에 관한 또 하나의 충고
첫 사회인이 되는 2030에게

당신은 이미 사회인으로서 첫발을 내딛었고, 언젠가는 당신이 원하는 성공을 이루기를 나는 간절히 바란다. 이 세상에서는 실천이 무엇보다도 좋은 공부다. 그러나 동시에 모든 것에 대한 마음의 배려와 집중력도 필요한 것이다.

가령 편지 쓰는 일을 예를 들어, 당신에 대한 조언을 마무리 짓고자 한다. 이것에는 사회인의 상식으로서 몸에 익혀야 할 요소가 잘 집약되어 있다고 생각하기 때문이다.

우선, 비즈니스 편지를 쓸 때는 명확한 것이 중요하다 세상에서 제일 머리가 둔한 사람이 읽어도 그 뜻을 오해하거나 뜻을 명확히 몰라서 처음부터 다시 읽을 필요가 없을 정도로 명확히 쓰지 않으면 안 된다. 그러기 위해서는 정확하게 쓰는 것이 필요 조건일 것이다. 그 다음 품위가 있으면 더할 나위 없을 것이다. 비즈니스 편지에서는 개인적인 편지에서 상대방이 재미있어 하는 은유나 비유, 대조법, 경구(警句) 등을 사용하는 것은 어울리지 않는 느낌이 들어 이상하다. 차라리 산뜻하고 품위 있게 짜여진 문장, 구석구석까지 배려가 빈틈없이 미치고 있는 것이 바람직하다. 복장에 비유해서 말한다면, 정장하고 있는 느낌이 좋고, 지나치게 장신을 하거나 단정치 못한 것은 좋지 않다.

항상 자기가 문장을 쓰면서 단락마다 제3자의 입장에서 다시 읽어보고, 다른 의미로 받아들여질 우려가 있는 부분은 없는지 검토해 보아야 한다. 대명사나 지시대명사에는 특히 주의해야 한다. '그것', '이것', '본인' 등을 많이 사용해서 오해를 불러일으킬 정도라면, 다소는 길어지더라도 명확하게 '○○씨', 'xx에 대한 문제'라고 명시하는 편이 좋다.

비즈니스 편지라고 해서 정중함과 예의가 결여되어도 좋다는 것은 절대 아니다. 아니, 오히려 '귀하를 알게 된 명예를 입게 되어……'라든가, '저의 의견을 말씀드리도록 허락해 주신다면……' 등과 같이 경의를 표해야 함은 불가결한 것이다.

편지지 접는 방법, 봉투의 봉함 방법, 수신자의 주소 성명 쓰기 등 그러한 것에서도 그 사람의 인격은 나타난다. 당신은 이렇게 생각하고 있지 않을지 모르겠지만, 그런 일에까지 마음을 써야 한다는 것일 잊지 않도록 해야 한다.

비즈니스 편지에서 반드시 필요한 것은 아니지만, 있는 편이 좋은 것은 품격이다. 화려하지 않고 달필로 써야 한다는 것은 그런 의미에서 매우 중요한 요소이다. 하지만 이것은 비즈니스 편지로서는 전반적인 마무리 작업으로, 아직 뼈대가 완성되지 않은 당신에게 이러한 장식 부분까지 마음을 쓰라고 하는 말은 조금 후로 보류해 두겠다.

문자나 문체를 지나치게 꾸며서 쓰게 되면 오히려 역효과가 난다. 간소하면서도 품위가 있고, 또한 위엄을 느끼게 하는 것이 가장 좋다. 그러한 편지를 쓰도록 항시 유념해야 할 것이다.

　문장의 길이는 너무 길어서도 안 되고, 너무 짧아도 안 좋다. 의미가 확실하게 전달될 수 있을 정도의 길이가 좋다. 또한 철자법을 틀리게 쓰는 것은 웃음을 제공하는 요소이니 조심해야 한다. 그리고 정상적인 손과 눈을 사용할 수 있는 사람은 아름다운 글씨를 쓸 수 있다고 생각하는데, 글씨를 예쁘게 쓰라는 말이 아니고, 정성스럽게 쓰라는 말이다 또한 당신이 굳이 글씨 교본에 있는 것처럼 한 자 한 자 주의 깊게 긴장해서 쓰라고 말하는 것은 아니다. 빠르면서도 예쁘게 쓰지 않으면 안 된다. 거기에는 실천이 있을 뿐이다.

　만일 글씨를 아름답게 쓰지 못한다면 글씨를 잘 쓸 수 있도록 습관을 기르는 것이 좋다. 그렇게 하면 신분이 높은 사람에게 편지를 쓸 필요가 생겼을 때도 글씨와 같은 사소한 것에 신경을 쓰지 않고 내용에만 집중할 수 있기 때문이다.

　젊었을 때의 수업이 부족했기 때문에, 필요한 때에는 사소한 일에 정신을 빼앗겨 큰 일을 처리할 능력을 잃고 사람들의 비웃음을 받은 남자가 있다. 이러한 인물은 '작은 일에 대범하고 큰 일에는 소심한 사람'이라고 불리었던 모양이다. 큰 일을 처리하지 않으면 안 될 때에 사소한 일에 정신을 빼앗겼기 때문이다.

　당신이 지금 작은 일에만 대처해야 할 시기에 있고, 그런 지위에 있다면 이런 시기에는 작은 일을 능숙하게 처리할 수 있는 습관을 길러두는 것이 좋다. 언젠가는 당신에게도 큰 일이 맡겨질 때가 올지도 모르기 때문이다. 그때가 되어서 작은 일에 연연해하지 않아도 될 수 있도록 지금부터 준비해 두도록 하는 것이 좋다.